消除师生间的鸿沟

《"四特"教育系列丛书》编委会　编著

吉林出版集团股份有限公司

全国百佳图书出版单位

图书在版编目 (CIP) 数据

消除师生间的鸿沟／《"四特"教育系列丛书》编委会编著 . —长春：吉林出版集团股份有限公司，2012.4

（"四特"教育系列丛书／庄文中等主编 . 课堂教学与管理艺术）

ISBN 978-7-5463-8719-2

I.①消… Ⅱ.①四… Ⅲ.①中小学－师生关系

Ⅳ.① G635.6

中国版本图书馆 CIP 数据核字（2012）第 043985 号

消除师生间的鸿沟

XIAOCHU SHISHENGJIAN DE HONGGOU

出 版 人	吴 强	
责任编辑	朱子玉 杨 帆	
开 本	690mm×960mm 1/16	
字 数	250 千字	
印 张	13	
版 次	2012 年 4 月第 1 版	
印 次	2023 年 2 月第 3 次印刷	

出 版	吉林出版集团股份有限公司	
发 行	吉林音像出版社有限责任公司	
地 址	长春市南关区福祉大路 5788 号	
电 话	0431-81629667	
印 刷	三河市燕春印务有限公司	

ISBN 978-7-5463-8719-2　　　　定价：39.80 元

前　言

　　学校教育是个人一生中所受教育最重要的组成部分，个人在学校里接受计划性的指导，系统地学习文化知识、社会规范、道德准则和价值观念。从某种意义上讲，学校教育决定着个人社会化的水平和性质，是个体社会化的重要基地。知识经济时代要求社会尊师重教，学校教育越来越受重视，在社会中起到举足轻重的作用。

　　"四特教育系列丛书"以"特定对象、特别对待、特殊方法、特例分析"为宗旨，立足学校教育与管理，理论结合实践，集多位教育界专家、学者以及一线校长、老师的教育成果与经验于一体，围绕困扰学校、领导、教师、学生的教育难题，集思广益，多方借鉴，力求全面彻底解决。

　　本辑为"四特教育系列丛书"之《课堂教学与管理艺术》。

　　目前，在我国的学校教育中，课堂教学仍然是一种主要的教育教学活动，要想有效提高课堂教学质量与效果效率，就必须充分尊重和应用教育科学理论，系统学习、研究、提高课堂教学艺术水平，这不仅是对课堂教学的客观要求，而且是教育教学研究的发展趋势之一。因此，有志于从事教育事业，去当一名教师的教育专业的学生，都有必要去学习、研究课堂教学艺术，为今后做一名合格的教师进行充分的准备。本书把教育教学理论和教育教学实践有机地结合起来，系统地研究课堂教学的规律和实践，研究教学过程中的各种实际问题。

　　本书还有另一个很明确的目的，那就是确立班级管理的专业地位，提升师生教学质量。我们从学生、教师（班主任）的角度分别进行说明。班级管理是门艺术，艺术殿堂的攀登需要自觉的奉献；班级管理又是门科学，涉及科学领域的探索，必须依赖智慧的涌动。希望本书的出版，能为工作在第一线的广大中小学班主任提供一个支点，能唤起一部分对班主任工作感兴趣的专家学者的热情，共同来研究这个新课题，让班主任班组管理这项至关重要的工作更具科学性和艺术性，这也是本书编写的意义所在。

　　本辑共20分册，具体内容如下：

　　1.《怎样把课说好》

　　"说课"是深化教育改革，探讨教学方法，实践教学手段，提高教育教学业务水平的一种好方法，也是教师进一步学习教育理论，用科学的手段指导教学实践，提高教学科研水平，增强教学基本功的一项重要方法。本书主要从说课准备、精心设计与组织说课材料、幽默为教法服务、情感学法说课、辅助教学程序、互动教学目标、应对说课失误和总结说课经验等方面来进行铺垫和阐述。我们站在说课者的角度，多层次地模拟了说课中遇到的各种问题，并提出了相应的改进措施，希望教师在说课中少走弯路。

　　2.《怎样设计教学情境》

　　本书着重探讨了如何使新课程提倡的自主学习、探究学习、合作学习真正进入到课堂之中。通过介绍西方课堂设计的理论和教学策略，总结国内课堂教学改革的成功经验，为教师进行有效的课堂设计提供切实的指导和帮助。

3.《怎样把课备好》

备课能力是一个教师最基本的业务能力。备课是教师教学活动的一个重要组成部分，也是上好一堂课的前提和重要保证。教师要上好课，就必须要备好课，备课是一项深入细致的工作，是教师取得良好教学效果的关键。教师备课最需要用"心"、用"情"、用"力"和重"思"。

4.《怎样把课上好》

课堂动了，学生活了，互动、对话成为课堂教学的常态了，课堂上出现一系列变动不居的场景也就在情理之中了。教师根据课堂教学中生成的各种资源，形成后续的、新的教学行为。动态成为常态，生成成为过程，这些教学的新要求，是教师上课时需要加以灵活掌握的，也是本书所要介绍的。希望通过阅读本书，教师不仅能获得教学的新理念，还能获得基本的教学策略。

5.《走出教学雷区》

由于学识、经验、能力、性格、思维等诸方面的限制，教师的认识和行动产生了偏差，在教学过程中走入误区在所难免。本书列举了日常教学工作中教师常出现的一些问题和错误，分析这些问题产生的根源及这些问题在教学中的呈现形式，提出解决的方案，引导教师避免或者走出误区，通过"行动—反思—再行动—再反思"，引导教师做一个反思型教师。促进教师在专业化的道路上更快的成长和进步。

6.《让学生出类拔萃》

在学校里，尖子生往往是重点培养对象，集"万千宠爱于一身"。但是作为教师，不能被尖子生"一俊遮百丑"而忽视对他们的培训和教育。教师应该正确认识和了解尖子生，做好培优工作，积极引导，严格要求，满足他们强烈的求知欲，充分施展其才能并通过尖子生积极进取的态度、较好的学习方法影响和帮助其他同学共同发展，使全体学生成绩不断地推进。

对尖子生的培养是一项艰巨而漫长但又极具乐趣的工程，希望通过本书的学习，教师都能发现千里马，精心、尽力培养，让他们跑得更快、更远！

7.《一对一教学》

在中国，"一刀切"式的教学方法普遍存在于课堂中，然而，每个学生特点各异，只有建立在了解学生基础上的个性化教学才能使学生受益无穷。

不是崭新的课本、新潮的教学技巧，也不是最新的教学设备，只有优秀的教师才是学生成功的关键。教师有责任坚持不懈地寻找和发现优秀的孩子，也要认识到每一个孩子都与众不同。本书致力于了解学生并找到适合各个学生的教学方法，因材施教。

8.《让课堂动起来》

教师如何形成新的课堂教学艺术技巧、如何让课堂变得更加生动有趣，是本书论述的要旨所在。

教师要上好一堂课，除要有热情与高度的责任感外，还要有渊博的知识和一定的讲课技巧，教师必须认真备课、多动脑、多想办法，有了一定的授课技巧，课堂就会时时呈现出精彩！

9.《不怒自威》

本书以清新的笔调、详实的案例向教师娓娓道来：要树立起自己的威信，教师除了要师德高尚、敬业爱生，专业精湛、诚实守信、仪表得当，还要宽严有度、教管有方、赏罚分明、公平公正。只有这样，学生对教师才能心悦诚服，也只有这样，教师才不会在"学生难管"的哀叹中丧失教育的权威。

10.《好学生是怎样炼成的》

行为变为习惯，习惯养成性格，性格决定命运。一个动作，一种行为，经过多次重复，就能进入人的潜意识，变成习惯性动作。习惯对每个人梦想的实现，命运的选择起到了决定性作用。青少年正处于一个习惯的塑造和培养期，养成良好的习惯会让每个孩子都成为好学生，会使其受益终生。

11.《与差生说拜拜》

本书以新颖的写作手法和情真意切的教育语言从多个方面阐述了怎样对后进生进行转化，如何正确认识后进生，坚守对后进生的教育之爱，唤起后进生向上的信心，解开后进生的"心结"，有针对性地解决后进生的"问题"行为，加大对后进生的学法指导，提升后进生的自身能力，善用工作技巧来解决后进生问题，走出教育后进生的误区。本书有较强的可读性、针对性、实用性和操作性，对教师转化后进生的教育工作有实际性的参考和切实有效的帮助。

12.《从管到不管》

课堂管理艺术和技巧是以学生发展为本的，是教师教学智慧的新表征，是教学实践和经验概括和理性提升，本书所阐述的艺术和技巧是简约的，实用的，可操作的，可借鉴的。通过对本书的阅读和借鉴，教师能够在新课程实践探索的道路上，不断更新课堂管理理念，优化课堂管理行为，形成新的教学本领和新的课堂管理艺术，让课堂教学焕发出生命的活力。

13.《把握好教学心理》

为了帮助读者成为"有意识的教师"，作者提出了若干问题以引导学生思考和学习，并列举大量课堂实例，作为实践范例。本书鼓励教师去思考学生是如何发展和学习的；鼓励教师在教学之前和教学过程中做出决策；鼓励教师思考如何证明学生正在进行学习、正在迈向成功。本书反映了当前有关的新理论与新进展，所介绍的各种研究结论在课堂实践中得到了验证与应用。该书所倡导的兼收并蓄的均衡教学为教学的专业化发展奠定了基础。

14.《完美的班规》

优秀的班集体需要切实可行、行之有效的好班规。本书采用了通俗的创作方法，把死板的道理鲜活化，把教条的写法改变为以案例为主，分析、评点为辅，把最先进的教育理念和方法融入有趣的情境中。经典的案例，情境式的叙述，流畅的语言，充满感情的评述，发人深省的剖析，娓娓道来、深入浅出，让教师更充分地领会先进、有效的教育方法。

15.《让问题学生不再成问题》

班级里总有那么些学生：有的顶撞老师，经常迟到；有的迷恋网络，偷拿钱物，早恋；有的对同学暴力相向，甚至离家出走，教师在他们身上花费很多精力，然而收效甚微。教育这些学生，需要耐心，更需要教育的智慧。

本书是一部针对这一现象为教师提供方法的教育研究专著，也是一部关于问题学生的教育学通俗读物。本书以教师最头痛的问题学生为突破口，努力在这个问题上把智慧型教育理论化、具体化、可操作化，且适当规范化。这既是教育问题学生的一本"医书"，也是教师科学思维方式的培训教材。

16.《消除师生间的鸿沟》

本书在编写中，尽力以轻松的笔调来"海阔天空"地谈论教育中的师生关系这一敏感问题，以求能让读者在阅读中有快乐、有启发、有思辨。本书每一篇章采用夹叙夹议的编写风格，叙述的是事例，议论的是道理。为了最终能让读者更广泛、更深刻地明白教育道理，本书通过"生活事例——生活道理——教育道理——教育案例"这种内外结合、纵横交错的行文方式，实现"顺理成章"的阅读品质。

17.《用活动管理班级》

随着社会和教育的发展，我们对班级的认识也经历着一个相应的发展历程。班主任的角色定位与对班级性质的认识应该是相匹配的。班级活动作为班级功能主要的承载体，在功能、形式和内容上同样需要在新课程背景下重新定位。本书紧扣班主任专业化发展这一核心理念，从班主任实际工作需要出发，由案例导入理论问题，由理论联系实践，突出案例教学与活动的组织和设计。不仅贯彻教育部提出的针对性、实效性、创新性、操作性等原则，而且便于进行系统、有选择性的培训。

18.《学生奖惩艺术》

现在的学校普遍提倡激励教育，少用惩罚性处罚手段，认为处罚只能打击学生的自尊心，使学生丧失上进和改正缺点的动力。但是，激励不是万能的。教育不能没有处罚，没有处罚的教育是不完整的教育。本书针对教师如何奖励和处罚学生进行了系统而深入的分析和探讨，并提出了解决这一问题的新思路、可供实际操作的新方案，内容翔实，个案丰富，对中小学教师颇有启发意义。本书体例科学，内容生动活泼，语言简洁明快，针对性强，具有很强的系统性、实用性、实践性和指导性。

19.《永葆教育激情》

谁偷走了中小学教师的激情？生命中不能承受之重对教师有什么影响？教师职业倦怠的原因在哪里？克服倦怠的具体行动有哪些？如何正确认识和驾驭工作压力？这些问题就是本书要为你回答的。本书对教师的职业倦怠进行了系统而深入的分析和探讨，并提出了解决这一问题的新思路、可供实际操作的新方案，内容翔实，教案丰富，对中小学教师颇有启发意义。

20.《超级班级管理法》

本书是多位优秀班主任集思广益、辛勤笔耕的结晶。具有实用性，所选的问题都来自班主任的实际工作，容易引起班主任的认同感。具有可操作性，提出的应对方法都简便易行。具有时代性，所选问题与当前课程改革，与学生实际相结合。

由于时间、经验的关系，本书在编写等方面，必定存在不足和错误之处，衷心希望各界读者、一线教师及教育界人士批评指正。

作者

C 目 录
ONTENTS

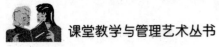

师生关系的意义

师生关系是教育过程中人与人的关系中最基本和最重要的方面，是教师与学生教育过程中以"传道、受业、解惑"为中介面形成的一种最基本和最主要的人际关系，也是一定社会政治、经济和道德等关系在教育领域中的反映与体现。师生关系决定着学校的面貌，平行的师生关系是建立在师生个性全面交往基础上的情感关系，是师生相互关爱的结果。只有师生间在情感上达到了平等，才能营造和谐的人际氛围，为创建和谐校园奠定基础。

师生之间关系如何，直接影响着教育工作的效果。有的教师虽然知识渊博、功底深厚，但不善于同学生建立融洽的师生关系，甚至产生对立情绪，学生往往因为对这位教师的成见而不愿意学他所教授的那门学科。相反，有的教师不仅注重提高自身的业务素质和专业水平，更善于同学生建立和谐的人际关系，学生往往因为对这位教师的喜欢而特别爱学他所教授的学科。学生特别是小学生，往往为博取教师的喜爱和好感，为获取与教师交往的满足感而努力学习，"亲其师，信其道"便是这个道理。教师也会因为学生对他的尊敬和喜爱而更加致力于教育工作。

实践证明，良好的师生关系，有利于调动师生双方的积极性、主动性和创造性；有利于形成轻松愉快、生动活泼的课堂气氛；有利于提高教学信息传输的效率和速度。良好的师生关系是有效地进行教学活动，完成教学任务的必要条件。

师生关系的社会制约性

作为社会关系之一的师生关系，受一定社会政治、经济和道德风尚的影响，具有社会制约性。不同社会制度，其师生关系的特点也不尽相同。

社会主义社会的师生关系，是建立在公有制基础上的，以培养全面发展的时代新人为目标，以社会主义的政治原则和共产主义的道德规范为指导。这是一种新型的师生关系，其明显的特征是教育民主、尊师爱生和教学相长。这种师生关系是我国社会主义的性质和社会关系在教学过程中的反映，是符合教育及教学过程的客观规律的，它是办好社会主义学校、提高教育质量的重要条件。

师生关系的社会学考察

江苏省无锡市教科所唐迅老师指出，班级社会中的师生关系是一个多因素和多维结构的关系体系。就其指向的社会目标而言，有为达成教学目标，完成教育任务发生的教与学的关系，也有为满足交往需要而形成的人际关系；就发生关系的社会形式而言，有以组织结构形式表现的制度化关系，也有以认知和情感形式表现的心理关系。按照在何种组织中发生的关系来看，又可分为正式关系和非正式关系。师生关系体系中的任何一个因素或变量都可能引起师生关系的变化和发展。

班级社会师生关系的性质首先取决于教师和学生在班级体制中的地位、身份和角色行为模式。

教师是接受社会的正式委托，以在学校中对学生的身心施加特定的影响为职责的人。从社会学的意义上说，教师和教育工作者代表了社会的年长一代，是一定时代社会意志的代理人。社会期望教师成为理性典范、道德准则的模范、文化学识的权威和特定社会价值标准的维护者。社会有意把保存历史传统和传递文化遗产的任务交给教师，教师应该为学生提供社会过去和现在最好的东西。从教育是一种特定的社会现象来看，教师总是体现一定的社会要求，他的社会职责是促使青年一代的思想行为符合本社会的价值观、规范和习俗，保持社会的延续性。由教育方针、教学计划和社会文化规范组合而成的社会意志和价值标准贯穿于教师的教学行为之中。教师是班级社会教学和教育过程的组织者和领导人。这就是教师在班级社会中所占有的地位、职权和担当的社会角色。

在班级社会中，学生的主要职能是学习，这就决定了学生在班级社会关系结构中占据的地位，赋予他们认真地接受教育的社会义务和责任，以及不断促进自身发展的权利。在班级制度中，学生的学习是在教师指导下，有目的、有计划和有组织地进行的，它是由一定的教师管理制度，以及学校和班级的各项规定所决定的。因此，学生的一系列行为模式的规范不仅要受到社会传统观念和文化习俗等的影响，还要为确定的制度所规定。师生之间存在着制度化的关系，各自都负有制度所规定的权利和义务，甚至负有法律上的责任。苏联的一个教育家怀着同情心，富有幽默感地对学生这个社会角色做了这样的描述和评论："学生这种职业是人世间一切职业中最艰苦的职业，唯独这种职业的工作者——学生，是不可能按个人意愿去改换职业的。他至少得在八年内坚守学生职业的岗位，不能另谋出路。"可见，学生这个社会角色需要成人社会的理解。

几乎在一切社会制度和一切时代中，教师总是施教者，学生总是受教育者；教师总是领导者，学生总是被领导者；教师总是具有控制学生的威望和权力，学生总是要服从教师要求，听从教师领导。这是宏观社会的经济关系和社会关系结构在班级关系模式中的独特反映和折射。

在班级教学过程中，教学目标的确立和课程的选择直至教学方法的确定的过程，从社会意义上说，就是教师与学生这种制度化的社会关系的形成和发展过程。首先，教师作为教学过程的组织者和领导者，为了形成与社会经济、文化和科技发展相一致的个性，并使之符合特定的价值标准，把教学内容以系统的理论知识的形式从外部灌输给学生。也就是说，教学目标、教学大纲、教科书和教学是强加于学生的，这就必然在师生的社会关系上刻上了权力主义、强制和不民主的烙印。同时，教师和学生在教学过程中的分工和交互作用又形成了一种不平等的社会关系，教师的职责是教、控制和训导，学生则只能学、服从和被塑造。

从社会意义上说，学校的班级社会具有文化传递和社会关系再生产的社会职能。当绝大多数国家存在着阶级对立和阶层差别时，占有统治地位的上层阶级与社会集团，为了确保本阶级的地位和权力，使贵族和特权阶层永远存在，必然要在班级社会形成与成人社会和历史传统相继承的社会关系结构。

　　纵观人类社会教育史，在师生的社会关系结构上，存在着专制主义与自由主义两种教育社会学思想的对立和斗争。这两者的错误在于对师生共同体的割裂。而合作教育学则把教师和学生作为班级教学过程中平等合作的教育集体，使师生从对立和冲突的关系中解放出来，学生和教师地位平等，享有尊重、信任和相互要求的权利。从这个意义上说，合作教育学在师生关系这个独特领域，为人们提供了富有创造性价值的理论和方法。

师生之间的工作关系

师生之间的工作关系是师生为完成一定的教育任务而产生的关系。这种关系具有工具性的目的，即它是以教育活动为纽带，服务于一定的教学任务，是不以教师和学生的主观态度为转移的客观存在。师生之间的工作关系主要表现为在教学活动中，学生和教师在教学目标上的协调一致。

教师与学生之间良好工作关系的建立，主要取决于教师的教育水平。如果教师具有较高的教育水平，就能够有效地控制整个教育过程，充分协调自己与学生之间的关系，使学生乐学、善学，为达到共同的教学目标而努力，从而取得理想的教学效果。

一个品德高尚和学识渊博的教师必定会得到学生的喜爱和尊重，不仅如此，学生还会把对教师的喜爱和尊重反映到教师所教的学科上，乐于接受教师的指导，并产生极大的学习热情。同样，学生的积极情绪又强烈地感染着教师的工作热情，激励教师对教育工作投以更大的努力，这样 种良性循环，将有利于教师与学生之间良好关系的建立和发展。

师生之间的人际关系

师生之间的人际关系是教师与学生在教育活动中产生的交往关系。它不是由客观条件所决定的，它的目标是满足人的交往需要，而交往的需要是作为人的一种独立的主观的需要而客观存在的。无论是教师还是学生，在教育过程中都有强烈的交际需要，教师希望通过与学生的交往得到学生的尊敬、喜爱和信任，学生希望通过与教师的交往，博得教师的关心和重视。这种需要推动教师不断提高自己的思想和业务水平，力图在交往中以自己的高尚品质、渊博知识给学生留下深刻的印象。同时，这种需要也推动学生努力学习，认真完成教师布置的各项任务，力求使自己的所作所为更接近教师的期望。因此，师生之间良好的人际关系，可以作为一种推动教育活动进行的推动力。

然而，师生的交往需要并不是轻易就可以满足的，它要具备一系列的条件，这就给教育过程中交往的双方提出了诸多的要求。对于教师来说，一方面应具有高尚的品德：公平、无私、正直、坚定、积极向上；另一方面要钻研业务，要具有渊博的知识，这是教师赢得学生信任的前提之一。对于学生来说，要有基本的文明水准和道德修养，有强烈的求知欲和探索精神，有对学科知识及教师的热爱，这是学生博得教师喜爱的关键之一。在对师生双方的要求中，贯穿着一个共同的准则，即"爱"。教师爱学生、爱事业；学生爱教师、爱知识。因此，师生间良好的人际关系的标志是师生之间的互尊互爱，这是师生人际关系建立的思想基础。

师生之间的组织关系

教师和学生在教育过程中各自有不同的地位、履行不同的职责，这种不同的地位和职责，从组织和制度上决定了他们之间的关系。几乎在一切社会制度和一切时代的师生之间的组织关系中，教师总是施教者，学生总是受教者，教师总是具有控制学生的权威和权力，学生总是要听教师的教导，服从教师的要求。这已成为师生之间组织关系的一般模式。

但是，这种组织制度化的模式，在不同的社会教育制度和教育观点指导下，乃至在教师不同的教育修养和个性特点影响下，其性质也大不相同。例如，封建社会强调师道尊严，教师具有至高无上的权威，师生之间的关系是单方面服从，学生的个性是受压制的。在资本主义社会，强调开放自由，主张个性解放，而竭力限制教师的权力，有的教师搞开放教室，学生上课可自由行动，不受管束。在这种关系下，学生纪律涣散，教师则存在着雇佣思想。

社会主义社会的师生组织关系，强调教育民主，在学校集体中，师生是相互平等的成员，既重视发扬教师的主导作用，又重视发挥学生的主体作用；既严格要求学生，又尊重学生的人格及其个性。

教育心理学的一些实验证明，不同的师生关系模式，对教育过程及效果可以产生不同的影响。民主型的师生组织关系，彼此之间的友好性使得参与集体的程度高，活动的组织程度高，效率也高；专制型的师生组织关系，学生对教师容易产生不满情绪；放任型的师生组织关系，由于有组织的行动和以集体为中心的行动少，学生对教师的满意度也低。

教师民主是建立良好师生关系的重要条件。我们既反对师道尊严，也反对放任自流；既反对"教师中心主义"，也反对"儿童中心主义"。

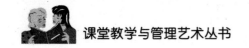

师生之间的心理关系

师生之间的心理交往和关系贯穿于教育的全过程，渗透于一切师生关系之中。心理关系有认知方面的，也有情感方面的。认知关系是心理关系建立的基础，师生之间的正确感知和相互理解是心理关系建立的前提。情感关系是心理关系的重要内容。

1．师生之间的认知关系

一切心理关系都是建立在认知基础之上的。师生之间的认识和一般认识一样，也要经历一个从感性到理性、从现象到本质的过程。因此，教师认识学生时，不要停留在表面，而是要透过现象看本质。

师生之间的感知和理想，与其他人与人之间的相互认识一样，还要受社会心理学规律的制约，这里最明显的表现就是隋感因素的参与。

师生之间的认识，又具有相互反馈的特点，既可以形成师生认识上的良性循环，也可以形成恶性循环。教师对学生正确的和客观的认识，换取了学生对教师的认识和理解，赢得了学生对教师的信赖和满意，这一认识反过来又强化了教师对学生的认识态度。相反，教师对学生的认识带有偏见和误解，必将引起学生对教师的错误认识。师生相互认识中的良性循环，可以促进良好师生关系的发展，而恶性循环则会使师生关系破裂。

师生问积极肯定的认识，可以促进教育过程的进行，取得更好的教育效果。现代心理学指出，人的活动是受人的需要驱使的，需要是人的积极性的最根本的动力。学生都渴望自己有所归属，成为团体中的一员，他们的学习、生活和平时表现，也迫切希望能得到教师和组织的认可和赞扬。学生的合理化建议被采纳和称赞，或学生取得某一进步而受到鼓励和表扬时，学生的喜悦之情便会油然而生。这对于有归属感的学生来说，比得到物质奖励还会高兴得多。这时，学生便会主动亲近教师，使师生之间良好认知关系得以建立。

2．师生之间的情感关系

作为心理关系的情感关系是师生关系的一个极为重要的方面，它对教育的过程和教育的效果能产生重要的作用。现代心理学指出，情感对人的行为活动具有动力作用。这一功能运用到教育中，就能起到直接提高学生积极性的作用。教师对学生的喜爱及暗含于教育中的期待，会使学生体会到这些都是对他的肯定，从而产生极大的学习热情和积极性。教育心理学中的"皮格马利翁效应"，就是对教师学生爱的效应。

教育实践证明：如果教师热爱学生，对他们抱有较高的期望，学生便会感受到教师的爱护和鼓励，便会尊敬教师，以积极的态度来对待自己的行为，因而更加自信和自强。

教师对学生的积极情感具有调节教师自身行为的功能。教师对学生热爱可以激发出教师的事业心和责任心，教师对学生的热爱可以缩短其与学生之间的距离，从而取得更好的教育效果。

教师对学生的情感还具有调节学生行为的功能。同样一句话，同一教师用不同的情感可在学生身上产生不同的效果。

同样，学生的热情对教师也具有重要意义。比如，学生对他所喜爱的教师具有某种信赖感，这种信赖感赋予教师的教导以一种魅力，从而增强教育的效果。

师生之间的私人关系

师生之间在学校组织中所产生的关系是一种正式关系，但师生之间也会发生正式关系之外的非正式关系，即私人关系。这是一种非外加强制和约束的、发生在正式组织之外的、自然形成的关系。在这种关系中，师生的交往没有正式关系中的拘谨、刻板及模式化的倾向，它能缩短师生之间的心理距离，并实现正式关系中难以达到的师生间的深刻了解和情感的沟通。例如，师生之间出于琴棋书画的共同爱好，出于感情、友谊和认识上的共同需要而可能建立起私人关系。这种关系一般在年龄较长的学生间形成。

师生之间私人关系的形成，有助于教育任务的完成，它有着师生间其他关系所不能起到的作用。学生可以从中了解到教师对他的更细微、更具体的要求，从而自觉自愿地改进学习方法，教师则可以从中得到学生对教学和教育工作比较客观和真实的信息反馈，从而主动地对教学过程加以调整和完善。师生间的私人关系可以改变在正式关系中较多使用的面向集体的沟通方式，缩短信息沟通流程，实现与学生之间面对面的交往和增强双向沟通的渠道。

但是，师生之间的私人关系要把握好分寸，要使私人关系有助于教育任务的完成。同时，教师和学生也要注意自己的身份，要区分在不同场合下、不同关系中师生充当的不同角色或所应遵循的不同行为准则。教师不能因与学生关系的密切而在正式关系中出现过于随便和放肆的行为。另外，教师不能亲近一些学生，疏远另外一些学生，出现不公平对待学生的情况。

师生交往的特性

交往是人类的一种基本需要。教学过程中的师生人际关系，是师生在教学交往过程中形成的一种以情感为特征的心理关系，它贯穿于教学活动的全过程。因此，我们有必要深入探讨教学过程中师生人际关系的特征、功能及其对教学活动的具体作用。

教学过程中师生人际关系的特性，具体地表现在教师对学生的交往特点和学生对教师的交往特点两个方面。教师对学生人际关系的特征主要是由教育工作的性质决定的。在师生人际交往中，教师对学生的交往具有三个特征。

1．教育性

教师与学生的交往是完成教学任务的需要，教师对学生的情感受到社会要求和需要原则的制约，也受到教育职业的影响。教师同学生的交往与社会成员之间的交往不同，这种交往首先是教师角色的要求。教师的情感不是基于个人的好恶，不是基于学生形象和行为举止是否合乎心愿，而是基于教师对下一代的责任，基于教学任务的完成对良好师生人际关系的要求。正因如此，教师对学生的交往及其情感的形成，必须以教学任务的完成和教学目标的实现为出发点和归宿。

2．普遍性

我国的教育目的是使所有学生的身心都得到健康及和谐的发展，成为合格的社会成员。因此，教师对全体学生都负有同样的责任和义务。教师的心中必须装着所有的学生，与所有的学生交往，爱所有的学生，信任、理解和关怀所有的学生。

3．稳定性

教师与学生的交往与社会成员的人际关系相比，不是偶然的、一时的需要，也不是一时的激情，而是教育工作的神圣要求。教师对学生应有始终如一的热爱与关怀。

应当指出，教师与学生的人际交往，也要受到教师自身认识和学生反馈信息等因素的影响。由于上述因素，教师与学生的交往具有个体差异性，表现出丰富多样的特点。在个体交往层次上，教师对学生的交往及情感发展，一般经历生疏—熟悉—亲近—热爱等几个阶段。热爱作为教育职业的一种要求，应该成为教师与学生交往过程中的心理定势，并贯穿于师生交往过程的始终。

学生对教师的人际关系同样有明显的特征，这些特征主要是由学生的角色意识和年龄阶段决定的。学生与教师的交往及其对教师的情感具有两个特征。

1．信任

这是由学生知识、经验和角色意识所决定的。对教师的信任，既是学生的自然倾向，也是教育教学工作顺利进行的必然要求。

2．敬爱

如果说信任是学生理智的结果，那么敬爱则是学生情感的自然倾向。一般来说，信任是敬爱的基础，而敬爱则进一步深化了学生对教师的信任感。教师只有可敬，才能使学生感到可亲、可爱。

学生与教师的交往也受到自身的认识和教师方面反馈的制约。从学生对教师交往发展的本质来看，年龄较小的学生对教师的交往表现出强烈的被动性，在情感上则表现为对教师的依恋。随着年龄的增长和知识经验的丰富，学生对教师的交往从仅仅满足于交往本身，转变为满足求知欲和人格完善的需要。教师的知识、经验及人格是他们产生信任和敬爱教师倾向的主要标准。以个体来说，学生对教师的交往和情感发展，一般经历接近—亲近—信赖—敬爱等几个阶段。向师性是学生与教师交往中具有的基本心理定势。

师生交往的模型

师生交往的各个侧面和层面不是孤立的和分散的，而是在一个交往的整体结构中展开的，它们共同构成一个交往的心理学模型。从现有的材料看，这个新被研究的模型是一个具有三层三侧面的三棱柱。如果把它形象地绘制出来，这个柱体的底层是师生个性交往层面，中层是角色交往层面，顶层是群体交往层面。这个柱体的侧面是师生的相互影响侧面、相互知觉侧面和信息交流侧面。

三个侧面都可以分析出许多交往因子，而每个侧面的每个因子又可以在三个不同的层面上展开交往，并产生不同的交往矛盾。每一交往因子在每个交往层面上产生的矛盾可视为师生交往的一个矛盾。这样，运用这一心理模型，既要从总体上和系统上把握师生交往的矛盾，又可以揭示出某一具体矛盾并对其进行心理学分析。这个模型各侧面的交往因子及其在各层面产生的具体矛盾，目前我们并非全部知道。因此，教育社会心理学有义务去寻找它们、发现它们，并在具体分析其矛盾性质的基础上，探讨师生产生矛盾的原因，以便在教学过程中实现交往的最优化。

这三个侧面的师生交往及其矛盾都可以在各个层面展开。台州学院陈枚老师揭示了以下主要的三个层面。

1. 教师和学生在个性基础上的相互交往的层面

师生的交往是在双方个体的需要、动机、态度、才能和性格特点上展开的。师生三个主要交往侧面上的矛盾都可能来自师生个性的相悖，其中教师个性处于主导方面。徐特立说："师生的相互关系，首先就要谈教师的人格问题，因为教师是领导者，所以不能不谈教师的人格。"因此，教育中的一切都应当以教师的个性为基础，教师个性是教育力量的活的源泉，任何规章制度和教科书及设置的机构，不管设想得多么美好，都不可能取代教师的个性。

2．角色交往层面

师生各自都在社会生活体系中占据着一定的地位，扮演着不同的社会角色。所谓社会角色，就是一种职能，是人们对于处在这一位置的个人所期待的、符合其职能规范的行为模式。教师和学生一般都清楚自己所扮演的社会角色，并能在一定程度上根据角色要求来表现自己，这便使他们在交往中的个性带有角色性行为特征。这种在行为上、举止上的特点有可能掩盖他们各自的本来面目，使双方不时地约束自己的言行，不能自由自在地表现个性。这样，师生双方各自在个性层面和角色层面的交往表现便产生区别或矛盾。更为复杂的是，师生都不只扮演单一角色。教育心理学家明确指出，教师除扮演知识传播者的角色外，还扮演着家长代理人、纪律执行者、模范公民、心理卫生专家、学生的知己朋友、团体的领导者等社会角色，这些角色问本身存在着的矛盾，使师生在角色层面上的交往矛盾变得更为复杂。例如，当学生把教师看做家长的代理人时，他来到学校后就把对父母的感情转移到教师身上。他会像在父母面前一样对教师撒娇，因此触犯校规或违反课堂纪律。教师此时如果只记得自己是纪律执行者角色或代表家长角色，他就会表现出不适当的斥责或无原则的爱。

3．师生都以自己所属群体的成员的资格发生着交往层面

在现实生活中，教师和学生都加入了多种正式或非正式的集体，于是使他们的行为反映着各自群体的要求，这种要求往往和师生的个性特点和角色特点不完全一致。例如，教师集体要求每个教师"有共同的见解，有共同的信念，彼此间相互帮助，彼此间没有猜忌，不追求学生对个人的爱戴"（马卡连柯）。如果有某教师因其个性特点只想扮演学生的知己朋友这一角色，单纯追求和学生的个人友谊，甚至不惜为此在学生面前损害其他教师或校长的威望，那就超出了教师团体规范所容许的限度，因此遭到教师集体的指责。教师还可能是某些党派、学术团体和自发性的团体的成员，这些群体也对师生交往产生有形或无形的影响。同样，学生

也受到群体规范的影响而限制着自己和教师个人的交往性质和范围。因此，在群体层面上进行的师生三个侧面的交往，也产生着师生交往的矛盾或障碍。

师生交往还可能在其他中间的或更高的层面进行，但是目前尚未发现。师生交往层面每增加一个，就会给交往的协调带来新的可能性，也使交往矛盾变得更加复杂。

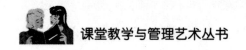

师生关系的三层次

师生关系按其互相联系的性质与活动内容来说，不属于孤立的个人之间的联系，它作为一种社会关系，受到整个社会中带有根本性质的社会关系的制约，故或多或少带有一般社会关系的烙印。但它毕竟不同于一般的社会关系，而属于一定教育结构中的特殊的社会关系。除此以外，教育活动的周期较长，一般具有结构化的特点，客观上使得教师和学生之间有较多交往的机会，从而可能形成一种自然的人际关系。这是最易被忽视，又易于被滥用的师生关系。所以，华东师大陈桂生老师认为，师生之间实际上存在着三重关系，即社会关系、教与学的工作关系及自然的人际关系，忽视其中任何一种关系都不称其为完整的师生关系。而这些人际关系或社会关系都是以一定教育结构为背景的，师生关系基本上是一种由教与学的活动联结起来的工作关系。

1．在教育活动中，教师承担执"教"的社会角色，学生承担求"学"的社会角色

个人一旦成为这种或那种社会角色，就不能不受其限制，暂时不再有选择的余地，除非他脱离教育过程。因为这种不同社会角色之间的关系不以个人的意志为转移，而是由个人与社会之间一定的契约关系决定的。教师在和学生的交往中，虽不免产生个人感情上的联系，但教师怎样对待学生，学生怎样对待教师，个人都有选择的余地，而个人的选择是否得当取决于是否与个人承担的角色地位相宜。

2．师生关系受社会关系制约

在具体的教育情境中，某个教师怎样对待学生，或某个学生怎样对待教师，在一定限度内有选择的自由。在一定时代、一定国情、一定国度范围内，师生关系普遍形态又不免受到一定社会形态带有根本性质社会关系的制约，而任何一种带有根本性质的社会关系又是在一定物质技术

上、一定文化传统影响下形成的不同社会形态赖以存在与发展的物质技术基础。文化传统不同，基本的社会关系不同，教育目的有别，因而师生关系的普遍形态、教师与学生角色地位的内涵也就不尽相同。

我国以公有制为主体的社会经济关系与人民民主的政治关系，客观上要求师生关系具有民主、平等的性质加之我国社会主义民主制度尚不完善，尤其是教育活动赖以展开的种种条件尚未充分具备，故现有师生关系并不尽如人意。

3．师生关系虽不能不受到一定社会关系的制约与教育活动的限制，但由于教育活动不同于其他精神生产活动，而带有结构性的特点

教师与学生的关系和医生与病员、编辑与读者、演员与观众、律师与诉讼当事人等社会关系相比，是一种服务主体与服务对象之间较为稳定的关系，在客观上提供了教师与学生较为充分的交往机会，从这种交往中能够形成某种个人之间感情上的联系。就基础教育来说，这种交往属于成年人与未成年人之间的交往，教育劳动凝结在学生的思想与行为的变化之中，而建立合理的师生关系又为教师职责所系。所以，即使在以往那种不合理或不尽合理的社会形态下，在有限的范围内，亦存在尊师爱生、教学相长的师生关系，它又以教师职业道德的形态世代相传。

综上所述，师生关系具有三重性质，在这三重性质中形成了师生关系的三原则。

第一，作为教育工作关系的师生关系的原则：教学相长。

第二，作为一定历史时期社会关系缩影的师生关系原则：民主、平等。

第三，作为一般人除自然关系外的师生关系原则：尊师重教。

师生交往的三个主要侧面及模式

1．师生间的相互作用和相互影响

在师生相互影响中，教师占有主导地位。教师尤其是班主任，是学生集体的领导者和指导者，他的领导或指导方式，对学生活动的效率和班集体心理气氛的形成有极大关系。

莱温（K.Lewin）等曾做过一个实验，实验中各由五名十岁男孩组成三个小组，每组各指派一个成年人去领导，分别进行专制、民主、放任三种类型的领导。结果发现，在民主型领导下，成员间以及成员与领导间的友好程度、成员参与程度、活动组织程度、活动效率都很高；在专制领导下，以群体为中心的行为和有组织的行为很少，成员对领导有不满情绪；在放任型领导下，有组织的行为、以群体为中心的行为少，而且成员对领导的好感度也很低。

因此，教师指导方式的选择应考虑教育效果、学生年龄特征、性格特点和教育情况。

2．师生间的信息交流

（1）单向沟通与双向沟通

单向沟通是指发出信息者与接收信息者地位都不变的沟通形式，而双向沟通则是两种地位经常交换的沟通形式。实验说明，单向沟通以速度秩序见长，而双向沟通则在正确性、增进相互了解与建立良好关系上见长。总体来看，双向沟通优于单向沟通。原因是在单向沟通中缺乏反馈，传达者不能及时调整指示，接受者易产生不安感与挫折感，并出现埋怨与抗拒心理。

（2）多向沟通

这是师生间、学生间沟通相结合的类型。1951年，黎维特（H.J.Leavitt）曾提出五种沟通模式：链式、轮式、环式、全通道式和"Y"式。这五种沟通模式都是假设由五个人组成的群体进行多向信息交流。研究表明，每种模式都有其优缺点。

全通道式是环式与轮式相结合的产物，其中的每个成员都与其他成员交往，有利于形成群体的民主风气，迅速地协调意见和解决问题，而且还有利于树立领导人在群体中的威信与地位。当然，把师生在班级活动和教育中的信息沟通形式绝对化，不一定是最好的策略，因为各种形式只有在适当的情况中采用，才有最大的价值。

3．师生间的相互认识和吸引

师生间的相互认识包括自我认识、对对方的认识和对双方相互关系的认识。在这三方面中都有相互的感知、解释和评价等方面。可见，师生相互认识的机制是相当复杂的。

师生对相互关系的知觉，引导着双方在人际关系中做出反应。如果双方都不了解或不能正确认识对方和自己，在人际知觉中带有偏见，就不能有正常的交往和协调的人际关系。教师在工作中应努力做到全面、正确地看待学生，克服知觉偏差。

教师对学生的人际吸引力受多种因素影响，教师的社会地位、教师的品质和学生的年龄特征都与此有关。为了提高对学生的人际吸引力，教师应培养和表现出学生所喜爱的品质。

为了消除师生相互认识的偏差，提升师生关系的融洽度，教师可采取许多办法：创造师生相互接近的情境；给学生评价教师的机会；教师对学生做出评价时，征求本人意见；提倡教师理解学生、尊重学生及遇事先从积极方面思考学生的言行表现；师生在心理上换位思考；等等。

师生相互作用关系模式

相互作用模式主要是依据团体动力学的研究成果而建立的。团体动力学认为，"团体"是人们发生关系而形成的一种组织，分正式的与非正式的两种。团体动力学主要研究非正式团体，重视非正式团体中成员之间面对面的交互作用。最早系统地运用团体动力学研究师生关系的是美国的安德森。他认为师生的交互作用分两类：控制型和统合型。前者以命令、威胁、责罚为特征；后者以鼓励、协助为特征。前者培养适应性、纪律性，后者培养民主意识、合作能力。继安德森之后，许多专家和研究者具体研究了师生之间相互影响的方式，提出了以下几种模式。

1．小团体的沟通模式

李威特（H.J.Leavitt）把师生的相互作用称为"沟通"，经过研究，他提出四种沟通模式：①圆圈式；②链状式；③Y字式；④轮状式。李威特认为，第一种模式的优点是沟通活跃，虽没有明显的领导人物，缺乏有力组织，但成员间平等沟通，民主性强。第二、三种沟通模式时常可见，其缺点是形式单调，不活跃，效率不高。第四种模式有一个中心领导人物，沟通仅限于成员与领导人物之间，成员间缺乏沟通，虽然稳定，但不民主，效率也不高。李威特强调，在师生相互沟通的实践中，应该提倡使用第一种模式。

2．师生相互作用过程模式

贝尔斯（R.F.Bales）把师生之间的相互作用分为两个领域，即社会情绪领域与任务领域。两个领域又各分为二，表现为四种不同的相互作用。

①积极的社会情绪反映领域，表现在和谐、友好、消除紧张，表示赞同等方面；

②情绪中立的任务领域（应答部分），表现在提供建议、意见、提出方向等方面；

③情绪中立的任务领域（询问部分），表现给予建议等方面；

④消极的社会情绪反映领域，表现在不同意、关系紧张甚至敌对等方面。

这四种相互作用中的不同表现方面又构成六个不同的环节。

①指出方向是评价环节；

②提供意见与要求提供意见是评价环节；

③提供建议与要求是控制环节；

④同意与不同意是决定环节；

⑤关系紧张与解除是处理环节；

⑥和谐与敌意是统调环节。

贝尔斯模式的特点是强调师生关系的和谐、融洽、互相积极配合，并且涉及了认知和情感因素的影响，强调影响过程中的及时反馈调节。因此，这一模式体现和反映的是友好合作的师生关系。

3．弗兰德斯师生交互作用模式

该模式分析了师生相互作用的语言，将其模式化，并把师生的语言交流分为十类，其中七类是教师的语言，两类是学生的语言，一类是安静的或不易分类的语言。根据所观察记录的师生交流语言，推断师生相互作用的性质。弗兰德斯把师生影响的过程分为：①提出问题；②了解问题的主要因素；③分析各问题之间的关系；④开始工作，如搜集资料、应用公式、设法解答等；⑤评价或测量进步情况；⑥应用新知识于新情境中。这六个阶段，教师与学生的语言交流侧重不同的内容和特点。就教师语言来说，分为直接影响语言与间接影响语言两种。前者包括：讲解，如讲述事实、解释原因；指令，如提出任务或要求；批评或维护权威；等等。后者包括：接受，如接受学生的建议或要求；赞赏，如表扬学生的行为；采用，如采用学生的教学设计或设想。学生的语言包括两种：一种是反应性语言，主要由教师的刺激所引起，或者是回答教师的问题，或者是复述教师教过的知识；一种是自发陛语言，由学生主动说出，如演算数学题时伴随的语言、追随教师讲述的语言等。此外，还有一类无实质性内容的不易分类的语言，如沉默语、混杂语等。在语言交流分类的模式中，弗兰德斯发现直接的语言影响，容易增加学生的依赖性，导致学业进步慢。因此，他提出以下三条规律。

第一，在相互作用的较前阶段，如果限制学生参与的自由，会增加学生的依赖性，降低学业成绩；

第二，在相互作用的较后阶段，如果限制学生参与的自由，不会增加学生的依赖性，提高学业成绩；

第三，在相互作用的较前阶段，如果扩大学生参与的自由，将减少学生的依赖性，提高学业成绩。

弗兰德斯师生相互作用模式根据语言交流的性质揭示了师生相互作用的性质及其同人格（是否依赖）和学业成绩的关系，发现了在不同阶段给予学生自由的不同结果。可见，在师生关系上，不能笼统地说扩大学生的自由，而应视相互作用的阶段而定。

师生社会体系关系模式

班级是一个小社会，处在大社会体系之中，因此师生之间的影响，除涉及师生自身的因素外，还涉及其他社会因素，应把师生关系放在大的社会文化背景中考虑。从这一基本观点出发，研究者创立了一些富有启发意义的模式。

1. 盖茨尔与塞伦的班级师生社会体系模式

这一模式的基本理论内涵是：在社会体系中，社会行为通常受到两种因素的影响，一是制度方面的因素；二是个人方面的因素。前者包括社会对个人的角色期望等，后者包括个人的人格特质与需要等。基于这一认识，盖茨尔与塞伦提出了一般社会体系模式。这种社会体系模式强调了社会群体因素对社会行为的影响。个人表现的社会行为，除受自己身、心因素影响外，还受社会制度、文化思潮、社会角色、习俗以及社会期望与价值观的影响。依据这一模式分析班级师生社会关系，其模式的特点是：

第一，强调每一个休基于生理因素，有独特的人格需要和个人认同制度上的目标；

第二，强调制度上的要求应具有合理性，这样才容易被个人接受，也才有实现的可能性；

第三，教师与学生在共同的社会体系气氛中，为了共同的目标而发生的相互作用，结成班级社会体系；

第四，师生的相互影响或作用体现了个人与社会的和谐统一；

第五，师生之间的相互影响除顾及个人的心理需要等因素外，还应该顾及社会文化、习俗等因素。

2. 阿什勒等人的班级师生相互作用模式

阿什勒等人认为，任何社会体系的师生关系模式都具有四种功能：

第一，模式的维持，即维持模式本身的价值，使其有存在的必要；

第二，模式的调整，即模式的各部分协调一致，构成整体；

第三，目标的达成，即模式具有达成既定目标的功能；

第四，适应性，即模式可能适应新的情况或条件，具有灵活性。

从这四个方面入手，阿什勒等归纳出三种不同的师生关系模式：第一种是教师中心模式，其基本特点是强制的、监护式的，所达成的目标是基本的社会目标；第二种是教材中心模式，其基本特点是实用的和学术性的，所达成的目标是实用的生活准备目标；第三种是学生中心模式，其基本特点是咨询的、传教式的，所达成的目标是发展个性。阿什勒等认为，在英国小学、欧洲学术性中学和欧美现代新式学校中正分别实行着上述三种模式。

相互作用模式和社会体系模式的划分并没有实质性的差别，例如，社会体系模式中师生也是相互作用的，而相互作用模式也是承认社会影响的，只是看问题的角度不同：

第一，相互作用模式属于心理学，研究方法为实验法，而社会体系模式属于社会学范畴，研究方法为理论分析；

第二，相互作用模式为微观研究，而社会体系模式则属于宏观研究；

第三，就研究对象而言，相互作用模式侧重于师生的外在影响行为，而社会体系模式侧重于行为构成的因素。

从师生关系研究发展的趋势来看，上述两种模式的区别越来越小，在研究方法、性质和角度等方面呈现相互借鉴、补充的态势，即两种类型的师生关系模式渐趋综合。

师生的民主关系模式

师生关系的民主、平等，是现代师生关系的主要标志。

所谓民主、平等的师生关系，从字面上看是师生双方相互平等对待，不过由于教师与学生在教育过程中所处的地位迥然有别，除了少数纨绔子弟、顽劣儿童之礼不恭，甚至问或侮辱教师，一般不存在学生歧视教师问题，问题主要在于教师是否平等地对待学生。

教师是否平等地对待学生，不只是教师与某些学生之间的个人关系问题，它涉及把学生训练成顺民还是国家与社会未来的主人问题。不管学校中的民主教育、法制教育如何进行，师生之间长年累月相处的关系本身就是一种"隐性课程"。它或者是一种看不见的民主生活训练，或者是一种捉摸不定的顺民训练。

进一步说，师生关系是否民主是否平等，不单单取决于教师个人的抉择，实际上是不同的教育所致。从根本上说，师生关系的改善，民主、平等的师生关系的建立，取决于教师结构的改革。

尽管我国民主制度尚有待完善，在公民中至少法律上平等的权利基本上得到保障；相比之下，在制度化教育中，尤其是基础教育中，由于教师对未成年人拥有过多的正式或非正式权力，以至学校很可能是社会上保留半人身依附关系最多的工作部门。因此，民主、平等的师生关系，尚属应然状态，而未达到实体状态。

"爱生"是传统的教师职业道德规范之一，"尊师"则是学生守则中必不可少的规范。在传统教育中，"尊师"不以"爱生"为前提，即不管教师是否爱生，也不管教师是否值得尊重，学生都要尊师。因为"尊师"是为了"重道"，"爱生"常以"尊师"为条件，不爱不尊师的学生，那是一种不民主、不平等的师生关系。不过即使在民主、平等的师生关系中也不可能自发地产生"尊师""爱生"的感情。不管教师职业道德规范、

27

学生规范如何，事实上教师的权威与爱总是基于师生正式或非正式的交往中而自然产生的。

教师权威的来源，一是一定教育结构赋予教师的权力；二是教师基于个人的素养与表现在学生中获得的威信。前者是外在的权威，是每个教师都可能有的权威；后者是内在的权威，不是每个教师都能得到的权威，前者是社会赋予的，后者是学生认同的。外在权威不以内在权威为支柱，对学生就缺乏足够的影响力量；内在权威若游离于外在权威之外，往往不能产生真正的教育效应。

教师的爱也有两个来源，或源于对于社会的使命感；或从与学生的交往中自然地产生，或兼而有之。这两种来源不同的对学生的爱，同样是所有教师都可能有而不见得每个教师都会有的感情。

在不同的教育历史形态中，教师的权威与爱产生的条件不同。在古代那种个别教学的教育情境中，"师严而道尊""严师出高徒""教不严，师之惰"，足以表明教师权威的重要。然而由于教育活动是在教师与各个学生个人之间进行的，教师感情虽然淡薄，但是比较专一。自然，那时的教师不免受到狭窄的观念局限，即使爱学生，所爱对学生本人也未必是幸事。

在集体教学的情境中，教师通常以学生集体为教育对象，如果与各个学生之间联系的纽带松弛了，而每个学生又接受许多教师的教诲，师生关系失去专一性，师生情感就会趋于淡化。不仅如此，集体教学制度还产生了管理职能，驾驭学生集体比驾驭个别学生又需要诉诸教师的权威，唯现代教师权威以不损害学生独立人格为限度，毕竟是师生关系的进步。不管在什么社会形态下，不管教育结构如何，教师内在的权威与内在的爱是在与学生的交往中形成的。如今，多数师生关系将随着教育阶段的结束而消亡，以后只有那些自然产生的师生感情才绵延不绝。

师生在教学过程中的人际关系

　　教学过程中的师生人际关系是指师生在教学交往活动中形成的比较稳定的心理关系。它产生于师生教学交往活动并贯穿于整个教学活动的始终。教学过程中的师生人际关系包含两层意思：一是反映师生教与学不同任务的角色关系；二是反映师生间相互态度的情感关系。这两个方面既相互联系、相互依存，又相互区别，师生之间的角色关系是其感情关系的基础，而情感关系则是角色关系的深化。在教学交往过程中，师生角色关系与师生情感关系实际上是相互重叠、相互渗透的，二者共同构成了教学过程中师生人际关系的整体。有人认为师生关系是师生为满足交往需要而形成的，这是只用社会互动理论的结果，而放弃了对具体事物矛盾特殊性的分析，这不符合教学过程中师生人际关系的实际。

　　关于教学过程中的师生人际关系，人们早就注意并有所认识了。荀子说："学之经莫速乎好其人"；《学记》中明确指出："安其学而亲其师，乐其友而信其道"；存在主义教育家布贝尔则强调："具有教育效果的不是教育的意图，而是师生间的相互接触。"

　　在教学论研究领域中，著名的美国教育社会心理学家弗德斯提出了"师生相互作用分析范畴"，以研究教学过程中教师与学生的相互行为；莫里诺提出了"社交测量术"，以研究教学过程中教师交往行为对教学成效的影响；西尔曼提出了"教师态度分类"，以研究教师态度在师生人际关系中的影响；罗杰斯第一次明确提出了"教学人际关系理论"。

　　与此同时，苏联及东欧国家也注意了这方面的研究。苏联教育家赞科夫把良好的师生人际关系看成实现"教学与发展"的重要基础；保加利亚心理学家洛扎诺夫认为，应当重视教学氛围在教学中的作用，并提出了著名的"暗示教学法"；苏联教育家苏霍姆林斯基指出："为了使师生之间的友好、亲切和善意的关系经常和谐，教师必须十分珍惜儿童对自己的信任，应该成为儿童所爱戴的、聪明的保护人。"20世纪80年代以来，原苏联教育学家阿莫拉什维利和沙塔洛夫从社会主义的人道主义出发，又提出了以教学过程中师生平等合作为核心的"全作教育法"思想。可见，主张师生平等、实行教学合作、建立新型的师生人际关系，不仅是有效进行教学的要求，也是当代教育民主化的重要内容，改善教学过程中的师生人际关系已经成为当代教育教学改革的重要趋势之一。

师生关系中角色的认知及作用

教育心理学家米特创立的角色理论认为：根据他人所表现出来的各种行为（言语、表情或姿态等）来认识对方的地位，称为角色的认知。由于明确了自己的地位（自我意识作用），就会认识对方的地位（产生期待）。教师和学生的关系就是在与对方的相互关系中来明确双方的地位的（角色的认知）。尊师爱生是师生关系中双方应遵守的基本准则，它在协调师生共同为完成教育教学任务的活动中起很大作用。

青少年学生正处在长身体阶段，他们的思想认识、知识水平还没有定型，可塑性极大。如何促进青少年身心健康发展呢？很重要的一点是尊重学生的人格，培养他们的自尊感，让他们认识到自身角色的意义，做一个合格的学生，进而学会做人。

自尊感是一种强大的推动力。著名教育学家陶行知先生说："你的教鞭下有瓦特，你的冷眼里有牛顿，你的讥笑中有爱迪生。"苏霍姆林斯基提出了一个著名的口号："让每一个学生都抬起头来走路。"他们的话说的是一个意思，就是应该让每一个学生都树立起自尊感，树立起做人的信心。某校的一个学生幼时患小儿麻痹症，左手畸形，思想苦闷，对前途丧失信心。班主任及时开导他，鼓舞他，从各方面关心他，使他终于克服自卑感，增强信心，学习成绩优异。教师要培养学生的自尊感，强化学生对自身角色的认识，让他们扬起生活的风帆，立志成才。而讽刺挖苦、粗暴的批评、大声的呵叱甚至体罚，会挫伤他们的自尊心与进取心，并产生对立情绪。

因此，教师在严格要求学生的同时，要尊重学生，做他们的良师益友，给他们以鼓励和具体的指导，激发学生乐观的情绪，进取的精神，让他们在愉快、宽松的环境中学习，这样才有益于他们的身心健康。

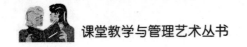
教师行为对学生的影响力

教师是科学知识的传播者、学生智力的开发者和思想品德的培养者。教师的一言一行对学生产生一定的影响力。所谓影响力是指一个人在与他人交往的过程中，影响和改变他人心理和行为的能力。为了让教师在教育教学中发挥强有力的作用，并取得最佳的工作效果，就必须来研究教师影响力是怎样构成的及教师如何提高自己的影响力。

管理心理学研究指出，在领导权力性影响力的构成要素中，不论是传统因素，还是职位或资历因素，都是外界"赠予"的。其核心要素是所谓的权力，特点是他对别人的影响带有强迫性。在这种影响力的作用下，被影响者的心理和行为主要表现为被动、服从，因而权力性影响力对人的心理和行为的激励是有限的。对教师来说，这种影响力决定教师在学生中具有一定的权威影响，使学生产生对教师的服从感、敬畏感和敬重感。但教师仅靠权力去影响、教育学生是不能收到预期效果的，何况一般教师社会未赋予他多大的权力，为此教师要提高自己的影响力，必须从非权力性影响力方面入手。

非权力性影响力，是教师影响力的主要因素，是由教师自身素质和行为决定的，是经过教师的努力能不断提高的，它对学生产生的影响是自然的、深刻的，比权力性影响力更富有力量，是权力性影响力所不能及的。这种影响力，是建立在让学生信服的基础上的，它可以使学生产生敬爱感、敬佩感、信赖感、亲切感。所以客观存在的非权力性影响力，对学生心理和行为的激励是很大的，学生会从内心产生积极接受教师影响的心理。因此，教师对学生影响的有效性就是取决于教师本人的品格、知识、才能和情感因素。

在权力性影响力与非权力性影响力中，对教师影响力起决定性作用的是非权力性影响力。非权力性影响力的因素中的品格因素是教师影响力的基础；才能因素是教师影响力大小的主要因素；知识因素是教师影响力的储库；情感因素是教师对学生影响力的纽带，它们之间是紧密联系，缺一不可的，教师对学生的影响力越大，教育效能就越强，工作效率就越佳。在实际教育教学中，教师只有具备这些诸多方面因素，才能取得良好的成效。回顾教师的工作，之所以有时成效不显著，一般情况下，都是因为缺乏其中某一因素所致。因此，教师应从实际出发，因人而异，积极弥补，加强自身修养，努力提高对学生的影响力。

课堂师生关系的特点

1．教育性

教育性表现在两个方面。首先，人际交流的内容、性质及其心理倾向具有德育的成分；其次，良好的课堂人际关系是有效的激励手段。师生关系好，课堂上有良好的心理气氛，师生都会情绪高涨、注意力集中，教学效果也就越好。

2．纯洁性

师生之间、学生之间都没有什么利益冲突。教师爱学生，是其"天职"所决定；学生爱教师，是学生追求知识，向往未来的必然结果。

3．多重性

课堂人际关系还具有多重角色的特点。教育与被教育、领导与被领导、成熟与未成熟、传播与接受等。

另外，课堂人际关系的调整很大程度上取决于教师个性特征、知识水平、教学能力以及对学生的态度等，而不像一般的人际关系，是由交际双方"平分秋色"的。

课堂人际关系对教学效果起着重要的调节和保障作用。

事实表明，在师生人际关系紧张甚至对立的情况下是不可能有好的教学和教育效果的，有时连正常的教学秩序也难以维持。而良好的课堂人际关系能调动和感染师生双方的积极性。学生信赖教师，那么对教师所传递的知识信息就会尽量吸收；而教师信任学生，其教学思路也会更为敏捷，使教学信息渠道畅通无阻。并且，在良好的心理氛围中，学生尊敬、信赖教师，比较容易接受教师对自己的严格要求和批评意见，从而避免由于人际关系紧张而影响学生学习情绪和教师教学态度的事件发生。

良好的课堂人际关系是学生身心健康发展的有利条件。在宽松、愉快和互相信任的环境里，学生的个性得到了发展，兴趣、爱好及专长得到了发挥，思想活跃，自主意识和自信心都得到增强，教师也能在这种愉快的心理环境中最大程度地发挥自己的教学能力，提高教学效率，享受"教"之乐趣。

良好师生关系的功能

1．高效率性

高效率是指教师与学生在和谐愉悦的情境中，教与学都能收到良好的效果。良好的师生关系，使学生尊敬、信赖并且喜爱教师，这对教师是一种鼓励和鞭策。教师为了继续保持自己在学生心目中的形象和地位，对教育、教学就会更加负责，千方百计地想把学生教好。每节课精益求精，并针对学生特点组织和增补内容，择其最适宜的手段和方法，合理安排时间，尽量使教学最优化、最有效。例如，特级教师袁榕，在三十年的语文教学中，有些课文，她能倒背如流，十分熟悉，教了好几遍，也取得了很好的成果。但是她在备课时，永远把这些内容作为第一课。所以优秀教师都是用认真的备课和课堂中优雅、亲切的教态，生动优美的语言，准确精练的讲评来博得学生的好感和尊重的，而且不断地从学生的笑脸和进步中得到激励和安慰，使教育、教学超水平发挥，提高了教的效果。由于学生把教师看做最值得信赖和仰慕的人，他们喜欢卜这种精彩的课，把它当成一种享受。同时，他们懂得尊重教师就要尊重他们的劳动，所以他们总会积极配合，专心听讲，勤于思考，努力学习，这又提高了学的效果。如果教师能够和学生建立一种友好合作关系，而且共同担负任务和解决问题，那么学生的行为就倾向于维护这种关系，这样相互间的交往就会促进学习。

2．高激励性

高激励性是指良好师生关系能激发学生的学习积极性和动机。人的需要是产生动机的源泉，每一个人都具有诸如对爱、感情、受人尊重、自尊及好奇心等心理方面的追求，通常称之为需要。首先，良好的师生关系能激发学生的学习动机。因为它满足了学生对爱、关心和尊重的需要，他们不仅从教师那里得到知识的营养，而且获得了爱护与支持，尽管学习是一种艰辛的、必须付出大量体力和脑力的劳动，尽管学习有时是枯燥无味的、紧张的，学生也会全力以赴地去学习。其次，良好师生关系还影响着学生动机的选择性。学生都喜欢自己喜爱或崇拜的教师的课，而不喜欢上不尊重自己的教师的课。学生喜欢某位教师，就会爱屋及乌地喜欢他别的东西，如语言、仪表、行为或所教的课程等。一些研究表明，许多学生在大学学的专业大多是中学阶段很喜欢的教师所教的学科。最后，良好师生关系可激发学生的附属动机，即是一个人为了保持长者（如家长，教师等等）的赞许或认可而表现出来的把工作做好的一种需要。这是因为在良好师生关系中，学生与教师的感情上具有依附性，也就是教师是学生所追随和效法的人物。而当学生认为他所效法和追随的教师能给予他赞许和关心，是莫大的宠爱和鼓舞，他就会有意识地使自己的行为、学习符合教师的标准和期望，借以获得并保持教师的赞许和关心。"皮格马利翁效应"就是如此。良好师生关系有助于提高学生的学习动机，学生为博取教师的关怀或赞赏而努力于该科的学习。

3．创造性

创造是人的全部体力和智力都处于高度紧张状态下的一种活动，它意味着运用一个人的全部能力和潜力。因害怕而感到拘束和压抑的学生，不可能正常地进行思维，在他的头脑中只有思维过程的片断。害怕使他们说不出话来，于是教师就觉得学生笨嘴拙舌。良好师生关系的教育特点是平等、民主、活跃，而不是靠压制、奴役学生的个性而实施教育。在这种清新浓郁的民主气氛中，学生的思维更加敏捷、记忆更加清晰牢固、想象更加丰富广阔，学生就会发挥最大的潜力来完成学习。同时，在师生关系良好的班级里，学生间的关系一般也较好，这就更利于对学生创造性活动能力的培养。教师在培养学生高质量学习能力的同时，也在不断更新和创造。例如：上一堂生动活泼、严而不死和民主愉快的课；根据不同情况和特点，深入钻研教材，把静止、干瘪的内容变成生动、丰富的材料；把繁杂的问题变为易懂的问题，把艰涩的语言变为简洁的语言；等等，这些都是创造。凡是热爱学生的、对教育事业负责的教师，都会把教学当成一门艺术，从而不断探索和创新。

4．教化性

教化性是指教师的行为和思想对学生道德品质和观念的作用。苏霍姆林斯基说："我们每一位教师都不是教育思想的抽象的体现者，而是活生生的个性……我们对学生来说，应当成为精神生活极其丰富的榜样，只有在这样的条件下，我们才有道德上的权利来教育学生。"所以，学生视教师为楷模，他们一言一行潜移默化地影响着学生的品质。正如孔子说的，其身正，不令其行。师生间平等、友好的交往有利于教师对学生道德知识、道德情感和道德行为的教育与培养。相互信任和尊重，视教师为知己，有利于教师对学生心灵深处的了解和洞察，及时矫正学生的不良动机和行为。

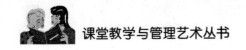

师生交往对学生发展的功能

学校中师生关系是教学过程中全部人际关系里最主要的、最基本的部分，而师生关系是促进学生个性社会化发展的重要社会环境因素。师生关系的性质与水平，会对学生的精神面貌产生深刻的影响。学生通过师生关系认识教师，认识人与人之间的关系，学习如何处理人际关系，从而形成自己的道德特征。

在教学过程中，教师和学生这两种角色以班级为单位，在课堂教学活动中进行交往，这种交往不仅是信息的传递，而且是心理的交流。情感是师生的交往点，它构成并调节着师生人际关系，使师生人际关系直接影响到教学的成败，并直接作用于学生的个性发展。黑龙江省哈尔滨师范大学吕涛老师认为，师生交往对学生发展有以下五种功能。

1．社会化功能

所谓社会化，是指个人接受其所属社会的文化和规范，变成该社会的有效成员，并形成独特自我的过程。

教学是以传授知识、技能为基础来实现人的社会化的，这为个体日后进行各种活动奠定知识基础、学术基础，增强其认识社会、改造社会的能力。但是教学过程在实现学生社会化方面的内容远不止此，当我们将课堂生活视为活生生的社会生活时，当我们认识到教学中师生间的人际交往、人际关系时，就会发现教学过程使学生社会化的内容是非常广泛的。

首先，是社会观念的形成。学生在教学中，通过师生交往，从中有意识或无意识地学习到一定社会的社会规范、行为准则和价值观念，并内化为自己心灵的行为法则。总之，学生就是在教学过程涉及的复杂的人际关系的相互作用中认识自己，认识自己与他人、与集体、与社会的关系，学习社会规范和行为准则，形成社会观念的。

其次，是社会能力的形成。在教学过程中，师生以多种角色，借助语言和非语言形式进行交往，在这种特定的交往中，学生不断地倾听别人的意见，表达自己思想，吸收他人的意见以补充、修正自己的思想，不断积累交往经验，并运用交往经验于交往活动中，调整自己的角色行为，使之符合教师的期望，从而培养起自己的社会能力。学生正是在师生的交往中掌握如何倾听、表达、参与和决策等社会能力的。

2．个性化功能

个性化就是把自己本身的存在看成为个人的，进而追求以与他人不同的独自方式去行动的方向。个性化方面的构成要素包括自我概念的发展、自尊心和成就动机的发展以及行动、认识、智能、兴趣、思想及情绪等所有个人特质的综合发展。

个性化的功能在于，它必须努力发展每个学生个性的潜在差异及形成这种差异的条件，进而根据潜在差异确定可塑造的方向。当代人本主义心理学家马斯洛认为，个性的发展是人的能动的自我实现过程。这个过程包括生理、安全、从属、尊重和自我实现等一系列从低到高的心理需要的满足。需要满足的过程就是个性发展的过程，教学过程总是要对学生这些需要发生影响，因此也必定对学生个性发展起作用。所不同的是教学过程既可能促进学生需要的满足，也可能损害学生需要的满足。换言之，教学过程既可能有益于学生健康个性的发展，也可能损害学生个性或阻碍学生健康人格的发展，因此不能不重视处理好教学过程中的人际关系。从发展学生明朗个性方面来讲，要求教师不仅要教好知识，而且要求应信任学生、尊重学生、同情学生、鼓励学生，把真诚地、公正地对待学生作为一项根本任务。由此形成的师生人际关系，会使学生的个性得到充分自由的发展。

3．选择定向的功能

从广义上说，选择定向功能是：根据社会的结构（成人的角色结构）和需要，将每个人按照他们本身不同的特点分配到社会上适当的位置，以达到人尽其才、才尽其用的目的。它主要体现在学生在班级中的表现与他将来升学或就业的关系上，具体表现为学生对学习的兴趣和态度。

学生的学习兴趣在学生需要的基础上产生，并由学生的情感所调节。这种情感大多来自教学中的人际关系。在教学中，教师热爱事业、热爱学生、讲课生动、热情可亲，学生就会对教师持肯定态度，喜欢教师这样一种良好的师生人际关系所带来的良好的、融洽的学习环境和气氛，会使学生受到熏陶和感染，产生对这门学科的求知兴趣，会因此"爱屋及乌"，喜欢教师所教的学科。

4．调节功能

调节功能指的是师生传递信息，调节、控制各自的交往行为，或通过语言媒介或非语言媒介，以保持师生之间的信息顺利传递，使教学任务顺利完成。教学过程中的各种活动都需要情感的维系，因此从某种意义上说，人际关系的调节功能就是情感的调节功能。情感是人际关系的显著特征之一，师生关系正是借助于情感来调节各自的行为，来保障教学活动的顺利进行的。

在教学过程中，师生人际关系的这种调节功能贯穿着整个过程，但这种调节功能因教学对象的不同，发挥着不同效用。小学生对教师有强烈的依恋性，因此教学中师生人际关系的情感因素对小学生的学习起着明显的决定作用。随着年龄的增大、年级的增高，这种情感的依恋性逐渐减弱，学生的自我独立意识逐渐增加。但这并不是说师生人际关系的这种调节功能就消失了。实际上，对高中生甚至是大学生，师生人际关系的调节功能仍对他们的学习、情感和个性形成有着深刻的影响。

5．保护功能

保护功能，也可以说是保健功能，它与个性化功能有着密切的联系。学生整个身心都加入到教学活动中来，以求得身心的全面发展，形成健全的个性。这就需要在教学中对学生的身体和心理都加以照顾和保护。在教学过程中，学生身体的变化，生理的发育，会对教学活动产生很大的影响，这就要求教师在交往中扮演多种角色（从秩序的维护者到父母的代理人），使学生在各种活动中避免身体受到损害，在生理的关键期得到及时的指导和照顾，消除对心理发展产生不良影响的因素。

师生关系的教学功能

教学过程中师生人际关系的特征是其功能发挥的基础，师生人际关系对教学活动具有三种基本功能。

1．行为定向功能

积极的人际关系具有调节师生行为的功能。一方面，通过师生交往形成的教育爱，必然使教师趋向于学生，缩短教师与学生之间在空间和心理上的距离，帮助他们更好地认识、理解和关怀学生；另一方面，积极的人际关系，尤其是教师的情感，也对学生的行为具有调节功能，它直接影响着学生学习行为的倾向及其效果。同一教学内容由不同教师来施教或由同一教师采取不同的教学态度来施教，都可能有截然不同的效果。

2．道德示范功能

在教学过程中，良好的师生人际关系不仅是教学的前提和手段，也是教学所要达到的重要目的之一。学生认识人生与社会，首先是从与自己直接关联的人和事开始的。学生往往透过师生人际关系这个窗口，透视人世间的炎凉冷暖，从而形成自身的行为准则，学会处世做人。从一定程度上说，教育者的人格和道德示范较之于德育教学更具有重要的影响，身教甚于言教，而学生的道德行为及其倾向对教师也具有一定影响。

3．心理保健功能

教学是一种艰苦复杂的劳动，需要教师和学生全身心投入。因此，教学过程中的人际关系状况，不仅影响着教学活动的有效性，而且影响着师生的心理健康。亲密和谐的师生关系，使师生双方自尊自信，教和学成为一种乐事；紧张冷漠的师生关系，则使师生双方心情压抑，视教与学为畏途。有关调查证明，不良的师生关系对学生影响很大，是导致在校青少年出现心理疾患的重要原因。

师生关系对教学的意义

　　师生之间的关系是教学领域最为能动的也是最为敏感的一种重要关系。但是，传统教学对师生关系的认识既片面，又肤浅，过于理性地看待人，忽视人的情感。其突出表现在把学生当做被动的容器，把教师看做知识体系的代表，师生之间是知识输出和输入的认识关系，从而使学生的学习过程变成为一种枯燥无味的活动。与此同时，过分强调教师的主导作用，使教学过程缺乏应有的充分的民主、自由、平等和信任的温馨气氛，致使学生在强制的状况下感到身心压抑，被动刻板地进行学习。现代教学理论则强调，教学过程不仅是认识活动过程，更是情感交流过程。基于这种情感交流活动而形成的师生人际关系是一个重要的教学变量，它直接影响教学效果。美国情感教学理论创始人罗杰斯甚至断定：促进学生有意义学习主要"依赖于教师和学生彼此关系之中的某些态度"。而不是教学的认识方面如教学技术、讲授水平和参考资料。罗杰斯强调，这种人际关系的态度应该是"真实""接受"和"理解"的。所谓"真实"也称"真诚"或"表里一致"，意指师生之间坦诚相待，彼此都尽情表露瞬间的感情和态度；所谓"接受"也称"信任"或"奖赏"，意指师生之间无条件地喜欢或珍视对方表露出来的真情实意；所谓"理解"是一种为他人设身处地的理解是从他人的角色来理解他人。真实、接受和理解三者是教学活动中人际关系的构成要素，它们彼此联系、相互促进，组成一个有机的整体，在促进学生学习中发挥重要作用。因此，罗杰斯把教学活动看成是形成真实、接受和理解的心理气氛的过程，看成是人际关系彼此作用的过程，学生在这种过程中能"自由表达""自由参与"，并且意识到自己的力量和存在。而认识的发展和智能的开发也正是在这种过程中潜移默化进行的。罗杰斯对教学本质和功能的见解虽然有失偏颇，但却为我们更深刻、更全面地揭示教学过程的实质提供了新的研究思路。苏联合作教育学的倡导者也极为强调师生之间的关系,他们甚至认为改善师生关系是解决教育、教学困境的突破口。为此,他们把消除学生与教师、学生与学生、学生与学校以及教师与学校、教师与家长等之间的种种人和人的对立紧张关系作为一项重要任务,谋求和谐的师生关系,谋求"一种以社会主义人道主义精神对待儿童的教育学"。这种人道主义要求教师要热爱、尊重和信任儿童,把他们当做生活和教育中的同志来对待,并使儿童彼此相爱,互相尊重,建立一个团结友爱的温暖的集体。这是造就学生良好个性并促使学生积极主动学习的最佳环境。此外,保加利亚洛扎洛夫的暗示教学理论和我国冷冉同志首创的"情·知"教学理论等,也都极为强调教学中良好的人际关系的建立。

建立新型亲密合作的师生关系具有重大意义:

1.它有助于增进师生间教与学的积极的相互作用,尤其有助于充分发挥学生主体的作用

师生关系融洽,彼此间就会产生一种依恋性的亲切感,使师生双方增进交往,配合默契。学生在学习中碰到困难,敢于质疑提问,发表意见,请教教师;教师在教学中也能够更好地了解学生、帮助学生,使得师生亲密无间,教学相长。与此同时,师生关系民主,可以促使学生摆脱对教师的依赖而走向思考,摆脱消极被动地接受现成结论而走向积极主动地探索未知,从而有利于学生不断树立自信心、责任感和养成自觉努力、独立思考等良好品质和习惯。

2.它有助于把教学和教育融为一个统一的过程,这是教师进行教书育人的前提

学生只有亲其师才能信其道,只有信其道才愿受其教。师生关系融洽,学生对教师的教导,在感情上才具有相容性;而在不融洽的师生关系中,学生容易形成对教师的"逆反心理",与教师的教导背道而驰。其实,良好的师生关系不仅是教学活动的必要条件,而且其本身就具有道德意义。良好的师生关系和教师高尚的品行是影响学生思想品德乃至人生观、世界观的最好的教科书。

3．它有助于激发和促进学生的学习热情和学习动机

美国心理学家索里和维尔福特认为，人类社会性动机中有交往性动机和威信性动机，其中交往性动机是一种最基本的社会性动机，这种动机在教学中表现为：学生愿意为他们所喜欢的教师而努力学习，而拒绝为他们不喜欢的教师学习；学生因获得教师的赞扬而学习，因师友的责备、奚落挫伤了自尊心和自信心而影响学习；学生因与教师的友好合作而增进自身学习的责任感，因与教师的僵化关系而逃避学习。我国有关调查也表明：在教学过程中，师生关系是影响学生学习的重要因素，学生对教师的态度、他的学科兴趣和学习成绩三者之间存在着相互一致的状态，构成"正反馈"的趋向。

4．它有助于形成良好的教学情绪和教学气氛，促进学生身心健康发展

良好的师生关系是良好情绪气氛赖以形成的基础和手段，而良好的情绪和气氛所激发的是学生积极、热情和自信的心理状态与轻松、愉悦、舒畅和欢快的心境。在这种精神状态下，学生心理压力小，能保持敏锐，并与他人建立和保持和谐关系。而在紧张沉闷的气氛里，学生会感到烦躁、压抑、恐怖、焦虑、精神不振甚至困乏迟钝等不适心理，患上心理疾病，从而影响学生的身心健康。

师生交往对学生个性心理发展的影响

教学中，师生人际关系功能发挥的如何，能否促进学生全面发展，取决于师生关系的性质。当代国内外的一些学者和教育工作者在实际教学中，对师生关系进行了大量的调查研究，基于教师的行为风格和师生间情感程度，对师生人际关系加以区分，归纳出相应的三种类型：

第一，教师行为的专制型——师生关系紧张型；

第二，教师行为的放任型——师生关系的冷漠型；

第三，教师行为的民主型——师生关系的亲密型。

在亲密型的师生关系中，师生人际关系就会发挥正向功能，促进学生个性发展；在不良的师生人际关系中，师生人际关系就会产生负向功能，压抑学生的个性、损害学生的人格。确切地说，师生人际关系功能的实现，直接影响到学生的个性发展。黑龙江哈尔滨师大教育系吕涛老师就师生人际关系的功能的实现，直接影响到学生的个性发展的个性因素做了深入分析。

1．自我意识

这是自己对自己身心状况的认识。它是人的意识表现的高级形式，在人的个性发展中起着重要的调节和制约作用。儿童自我意识形成和发展的最重要的本质的条件是交往。随着儿童交往需要的不断变化，儿童与周围人的关系就会得到不断改变，他们的自我意识也就逐步形成和发展起来。在教学过程中，学生与教师、与同辈群体发生着经常性的交往，教师和同学对某一学生行为的评价、情绪反应和行为表现，在较大程度上影响着这个学生对自己的主观评价及主观体验，尤其是学业方面的自我意识。在交往中，学生逐步形成关于自己的天资或能力水平，努力程度和在学习上能否成功的信念，这种信念一经形成，会给学生个性发展以极大的影响。

在良好的师生人际关系中，师生间理解信任，相互尊重，交流频繁，班集体中民主气氛浓厚，班风正，学生就会不断得到来自教师和同学的公正客观的评价。学生自尊自信，责任心强，能正确地认识自己，评判自己的言行，了解自己的角色地位，自我意识就能沿着健康的方向发展。而在不良师生人际关系中，师生间紧张对立，互不信任，班集体气氛压抑，学生就不能得到教师和同学的公正的评价，容易产生自卑心理，不能正确认识自己，摆不正自己与集体的关系，自我意识必然得不到健康发展。

2．自尊心

它是自我的一种情绪体验，是推动人们不断上进的动力，是个性发展的重要因素。个体的自尊心是在与周围各种各样的人们交往中，注意他们对自己的态度，想象他们对自己的评价，以此为素材，把它作为一个客观标准而内化到自己的心理结构中，在这个基础上形成自我形象。儿童从入学起，他们的大部分活动时间是在学校里度过的，班级成为他们个性发展的重要场所。师生间民主、平等和合作的人际关系将会培养起学生的自尊心。

在课堂教学情境里，教师担负着为学生设置特殊的社会性情绪气氛，应创造条件，促使学生探索他们的智能和情感及其与同伴的关系，进而发展自我概念，树立自尊，形成个性。树立学生自尊心的最根本的原则是只有在一种使学生不怕评价、鉴定或不感到为难，而能自由地表现自己的教学气氛中，学生才能发展对自己的洞察力，并在融洽和不断增进的人际关系中发展与他人的联系。在共同活动中，学生所表达的情感与思想能始终为教师和同学所接受，从而获得归属感。这种情感在对自尊心的促进中是必不可少的，学生正是由于具有这种情感体验，才会把自己看做是一个有价值的、有能力的和应受尊重的人，从而树立起自尊。

3．动机

它是直接推动个体活动达到一个目的的内部动力。它是个性倾向性的重要因素，在个性发展中起着重要作用。苏联心理学院士彼得罗夫斯基认为：个性是一种动力——需要为中心，周围排列着各种各样的个性品质的重要因素，在教学过程中要促进学生个性发展，必须注意激发学生的学习动机。

在教学的人际交往和人际关系中，有如下四种动机源：

第一，在班级集体人际关系中教师对某个学生，尤其是平时表现差的学生，给予重视、关心，并委以重任，就会使学生获得自尊和自信，产生自豪感、责任感，激发起积极的行为动机。

第二，在师生人际关系中对于学生来说，总有些教师为他们所钦佩，并希望获得教师那样的理想品质。当这种情况出现时，教师便成了学生生活中的模范人物。这种以钦佩的教师为榜样去模仿的行为欲望，是一个重要的动机源。

第三，学生都有着强烈的求知欲，经常产生他们目前的水平还不能解答的问题，有着对不熟悉、不认识或不确定的事件的探求的需要。这也是产生动机的一个根源。

第四，学生希望别人重视和尊重自己。学生在学校中为了得到教师的表扬、同学的赞许，就会去努力学习，这同样是一个重要的动机源。如何充分利用这些动机源，激发起学生的学习动机？在很大程度上取决于有一个什么样的师生人际关系，取决于教师在与学生交往中的态度、行为以及所采取的措施。

4．智力

它是人的各种基本能力的总和。它和每个人都具有的个性相联系，是由个性把能力的各个特征有机地结合在一起，在每个人身上表现出自己的独特风格，成为个性的一个侧面。许多实验研究也证明，人的能力表现有不同的风格，即每个人都有各自的个性特点。智力的发展离不开知识，要以一定的知识为基础，所以在教学过程中，主要通过认知活动来发展学生的智力。但不能忽略教学过程中师生人际关系对学生的智力发展产生着重大影响，事实上，学生的智力活动是师生相互之间的集体的共同活动，学生会有怎样的智力发展是和其他人的关系密切相关的。在教学过程中，学生不可避免地要同教师和同学发生交往，并不可避免地产生肯定或否定的情感体验，从而对学生的动机和兴趣等非智力因素产生效应，这种效应又一定对学生的智力发展产生作用。所以，要促进学生的智力发展，仅仅注意传授知识问题是不够的，还要注意到教学过程中的人际交往的作用。

5．创造力

它是个性的重要品质，是个性的灵魂。它集中反映了个体的智能、性格、意志和情操等方面的素质水平。这些素质的高质量的组合就体现出一个人的创造力。这是个性发展的一个极为重要的方面和具体的表现，也是教学的一个重要目标。

在教学过程中，保护学生的好奇心和异样行为，解除学生恐惧心理，鼓励多样性和个性，让学生有充分的心理安全和心理自由，是培养学生创造性的必要条件。但能否创造这样的条件，就要看在教学过程中人际交往的性质如何。一般来说，只有民主化的师生关系才能创造出这种条件。因此，当代教学改革的根本精神在于推进教学过程中人际关系的民主化，只有这样，才能达到发展学生健康的个性、培养学生的创造力、促进学生智力发展的目的。创造性不仅是个体的个性特征，也是一种集体活动，是师生共同的创造性活动。对于学生的创造意识和创造志向来说，主要是在师生共同活动的课堂教学中培养出来的。师生人际关系的民主化，就在于创造出一个民主、平等、和谐和活跃的课堂气氛。在这样的气氛中，教师的任务不只是传授知识，发展学生智力，还在于尊重、信任学生，给学生以自尊、自信，建立起学生责任感，使学生得到愉快的情感体验，产生学习的内在动力。帮助学生克服困难，开动脑筋，积极思考，目的是消除学生的约束感及不安全感和压抑感。保护学生的好奇心，使学生能够畅所欲言，敢于提出问题；发展学生的求异思维能力和丰富的想象力，促进学生创造力的发展。

综上所述，教学过程中师生人际关系有着独特的功能，这种功能在良好的师生关系中就能得到正常的实现，功能的实现又对学生的个性发展起到积极的作用。因此，作为教学过程中的教师与学生，尤其是教师要力争建立起一种民主的、和谐的、融洽的师生关系，使处于这种人际关系中的每个人的个性都得到健康的发展。

教师的领导行为与师生关系

学校接受一定社会的委托，根据一定社会的需要和要求对学生进行有目的的和有计划的教育。就整体而言，学生正是在学校教育中真正有效地完成着由"自然人"向"社会人"的过渡，形成社会所要求的道德品质，继承前人留下的知识和经验，获得继续发展的各种能力。在学校教育中，直接作用于学生的是教师，他是促进学生发展变化的主要的和决定性的因素。教师要把来自不同环境、不同家庭和分散的教育对象组成集体，向他们展示目标、提出要求；要不断地给学生以各种指导，不时地对其身心发展的各方面做出诊断；要处理学生间出现的问题，解决其发生的纠纷。因此，对学生来说，教师居于领导者的位置。教师怎样看待学生，对他们是怎样的态度，以怎样的方式从事领导，这就构成了领导行为的问题。教师的领导行为不同，对学生的影响也就不同。

人们习惯地把教师的领导行为分为"专制型""民主型"和"放纵型"。这种划分恐怕并不合乎教师领导行为的实际。从这三种称呼本身看，它明显含有主观褒贬色彩。我们给教师领导行为分类，应该客观一些，力求合乎实际，尽量避免主观色彩，使之有说服力，让人能够接受，并对人们有指导意义。实际上，教师领导行为同其他行业领导行为是有区别的，我们既要看到其普遍性，又要看到其特殊性，以便较为科学地把握教师领导行为的分类和内涵。基于此，江苏徐州二十中孙启民老师用控制型、统合型和放任型来概括教师领导行为的不同类型更为妥当。这和前面划分的不同之处在于：这里每种提法均为中性的概念，无褒贬、优劣之别，每种领导行为都有各自的适用范围，都有局限性，都有高低不同的层次。

教师领导行为有它自身的特点。教师的领导对象就是教育对象，被领导者即被教育者比较幼稚、不够成熟，正处于身心发展阶段，这就和其他行业领导对象的成人有明显区别。教师对学生的领导旨在使其得到

49

各方面的一般发展，成为社会所需要的人，教师把被领导者看做有积极主动性，同时又是被塑造和改造的对象，教师的责任在于"传道、授业、解惑"，而其他行业中领导者之于被领导者一般只在于指挥、安排和协调；教师作为领导者对被领导者即学生必须有充分了解，要研究他们的心理，熟悉每一个学生，而其他行业领导者对被领导者的了解，则不必也不可能达到这样的广度和深度；教师领导的成功与否，不像其他行业可通过各种指标加以衡量，它不易量化，而应从各个方面考察，做综合的评价，不要只看眼前，还要看教育对象离开教师之后的表现。

因此，教师领导行为对学生的影响更深入，更持久。它和学生个性特征和学业成绩密切相关。教师作为领导者，无论采用怎样的领导行为，都应充分发挥积极一面，力避消极的一面。控制，要能够促进学生养成良好习惯；统合，要使学生充分发挥积极主动性；放任，要建立在学生能够自我教育和自我完善的基础上。学生处在发展变化中，其各个年龄阶段的特点不同，即使相同年龄阶段，具体情况也可能有较大差异，那么教师领导行为当然主要有所侧重。善于调节领导行为，正体现着教师从事教育工作的科学性和艺术性，而富有科学性和艺术性的领导行为是教育教学取得成效，得以创新的可靠保证。

控制犁领导行为与师生关系

控制与专制不同。专制明显含有贬义，给人的感觉是唯我独尊；控制则不然，它旨在强调规范、强调目标，通常用命令的方式提出各种要求。

教师面对着的领导对象是需要教育、改造并促使其向着一定方向发展的学生，那么在一定条件下，控制就有其必要性。教师总是要从具体的要求开始，让学生逐步明白应该怎么做，不应该怎么做。学生从入学起，就受到各种规矩的制约，教师则要经常强调、督促和检查，对合乎要求的予以肯定和表扬，反之则予以否定和批评。控制型领导行为不仅适宜学龄初期学生，还适宜新组成或素质较差的班级。

控制型领导行为对学生有怎样的影响？因为有统一的目标、明确的要求和有衡量事物正误的标准，所以能够促进学生形成良好的习惯，有助于形成集体，使学生明辨是非，有努力方向。又由于教师对学生的关注多，和学生的接触多，学生就会觉得教师负责任，从而努力完成学习任务，这样有利于形成一个比较安静的学习环境和秩序。当然，也有不利的一面，就是学生对教师有较大的依赖性，其主动性和积极性不易得到充分发挥；对教师有点敬而远之，仅仅满足于一般地完成各种规定的任务，缺乏创造精神。

如果无视学生的特点和班级状况，使控制成为一个教师一贯的领导行为和一贯的作风，那么班级就会死气沉沉、松松散散，使得学生缺乏自信、无动于衷甚至言行不一。这势必带来师生之间不和谐乃至对立——师生关系成了监督与被监督的关系。在这样的气氛下，学生时时感到压抑，情绪不稳定，产生逆反心理；而教师则为此不安、急躁，师生之间愈趋隔膜，不可避免地形成一种恶性循环。

由此可见，被控制型领导行为在一定条件下是必需的，不如此不足以有效地达到教育的目的。但一定要适度，要把握分寸，还要注意领导对象的特点，对任何发展阶段的学生都一味控制，只能带来诸多弊端。这也表明，控制和专制并没有不可逾越的鸿沟，虽然我们经常可以看到控制过度变成专制的现象的存在，但不能因此而否定控制的必要，不能因噎废食。

统合型领导行为与师生关系

统合型领导行为的特点是教师在教育中善于运用启发诱导的方式、人情味的方式等。"统合型"的提法类似于"民主型",但前者较后者的概念要宽泛一些。统合型的领导行为在适宜的、恰当的情况下可以说是"民主型"的。

学生并非消极被动地接受教育者的塑造和改造,他们逐步地、或多或少地意识到自己在被别人塑造和改造,因而在一定条件下就能够自觉参与教育过程,在和教师共同实现的这个过程中,双方必然会建立起情感、需要等方面的双向联系。教师对学生缺乏感情,学生当然不可能尊敬和热爱教师。学生有其自身独立的人格,有自己的需要、愿望和尊严,而且应得到满足和尊重。学生是处在发展中的人,他们虽然不成熟,但潜藏着各方面发展的极大可能性,因而尤其需要教师的帮助和关怀。可见,统合型的领导行为对顺利实现教育的目的是何等必要。

这种领导行为对学生的积极影响在于:第一,能够促进班级向着有机整体的方向发展。在轻松、愉快的气氛中,师生间、同学间关系融洽、目标一致、配合默契,学生积极性高、集体荣誉感强;第二,有助于使学生形成良好的性格特征。环境常对性格特征的形成起到制约作用,友爱、欢愉和相互信任的环境为良好性格的形成提供了土壤。学生处在这样的环境中,情绪稳定、兴趣广泛、意志坚定;第三,能够培养和提高学生各方面的积极主动性和创造性。启发诱导和人情味的方式本身包含着对学生的充分理解、信任和期待,因而能形成一种巨大的力量,催促学生积极进取、努力奋进;第四,能够促使学生认真学习,完成学习任务、提高学习成绩。学生对教师肯定的、积极的情感和态度,会转化为促进学习的巨大动力。我们经常看到,学生如果受到某教师的鼓励,相信这位教师,对他有感情,那么对他所任的课程也会孜孜以求。

统合型领导行为有个适度的问题，有个适合领导对象的特点的问题。对于素质较差或松散集体中的学生，控制型领导行为是必要的。如果在这种情况下只是强调诱导、人情味之类，只是鼓励、表扬，那么就不容易建立教师的威信，不利于班集体良好气氛的形成。可以说，不管在什么样的前提下都一味强调人情味之类，会变为对学生的溺爱，使他们自以为是，随随便便。

放任型领导行为与师生关系

放任型领导行为常常遭到非议，人们常把它与态度冷漠、没有目标及不负责任之类相等同。但只要冷静、客观地调查一下就会发现：有些教师平常和学生的直接接触并不多，课堂气氛看起来并不活跃，教师对学生过问也较少，仅仅做些必要的交待。学生并不觉得教师不负责任，反倒认为教师有水平，非常相信和尊敬教师；学生的兴趣和爱好得到满足，自认为是大人了，做事情显得胸有成竹；学生还能够合理地做出各种安排，科学地支配时间，自学能力得以增强；学生情绪稳定，遇事冷静，对许多问题能做出恰如其分的分析；学生有一定的自我教育和自我评价能力。

这可以理解为高层次的放任型的领导行为。它促使学生和谐而全面的发展，提高学生的认识能力，为他们走向生活、走向社会打下较为坚实的基础。

要达到这样的高层次，领导行为的对象必须具有下面几个条件：第一，学生大都处在较高年级。只有高年级的学生才有可能有较高的道德认识水平，才有可能客观、全面地看问题，有较强的分析和解决问题的能力。他们不希望一直处于被别人关怀的"襁褓"之中，对婆婆妈妈式的体贴反感；第二，学生素质较好。素质好则自治力强，自学自觉性高，有较好的习惯，有能力组织起来；第三，班级风气好。班风好则班级有明确目标，有正确舆论，有班级干部、积极分子组成的核心。好的班风是无声的命令，使学生受到良好的熏陶；第四，教师要逐步放手，有意识、有计划地使学生减少对教师的依赖，但不可操之过急。

离开这四个前提，就只是低层次放任型领导行为了。这种领导行为，一是来自教育思想上的片面认识，即过分强调学生在教学中的地位和作用，把学生看作能够完全决定整个教育过程和结果的主体，认为教师的作用仅仅在于引起学生兴趣，满足他们的需要，学生应得到自由的发展。这种领导行为，虽然可能适应少数尖子学生，但就整体来说，不利于形成良好的班集体，会造成纪律状况涣散，使多数学生无所适从和无所事事。这种领导行为还来自教师的不负责或不安心教育工作，导致领导行为上的放任，后果是不言而喻的。

教师与学生的非正式关系交往及功能

学校教育过程中的非正式关系交往是指发生在学校组织规定以外的、自然形成的交往关系。这种交往与学校的教育目标保持着间接的联系，它不受交往双方的地位、权力和任务的影响，不受从上到下的规章制度的约束，没有组织上的严格限制性，也没有角色上的严格规定性。在学校教育过程中，这种关系的交往常常是因为以下几方面原因形成的：

第一，需要上的一致。师生双方的目标和提出某种目标的动机以及为实现某种目标而做的努力程度基本相同；

第二，情感上的一致。师生在日常生活中对一定事物和现象表现出的热爱、同情、亲密或憎恨、厌恶、疏远等人际反映特质相近；

第三，兴趣上的一致。通常指师生有共同的爱好、习惯；

第四，个性品质上的一致。师生的热情、真诚和公正无私等个性及思想品质大体相同。

在学校教育过程中，师生的非正式关系交往占据重要的位置，这是由学校教育的客观性决定的，除了上课及其诸如开会和讨论等集体活动，还有师生的个别接触。这种非正式关系的积极交往具有如下功能。

1．教育功能

非正式关系交往有利于建立更完美的师生关系，有利于形成师生间良好的心理气氛，有利于顺利地完成某种教育任务。

2．信息功能

学校组织是一个信息"网络"结构。在非正式关系交往中，教师可以从学生那里获得思想与行为、个性与品德教育的信息，也可以获得教学方面的信息，从中及时了解和掌握学生的思想动态以及学生家庭、社会环境的影响。比起正式关系的交往，它有更强的可信度，可减少片面性和表面性。

3．情绪功能

由于非正式关系交往是无拘无束的，师生双方可以畅所欲言，一方面可以相互交流情感，另一方面又可相互交流情绪，以保持双方的心理相容，减少对立情绪的产生。

4．调节功能

因为非正式关系交往是在推心置腹中进行的，所以容易使师生在认识和态度上趋向一致，学生不但乐于接受教师的赞扬和鼓励，而且也乐于接受教师的批评和教育，有利于调节师生关系。

5．意向功能

交往容易产生定势作用。当一种认识、情感活动能满足交往双方的心理需要时，则会产生依恋向往的心理倾向，会在心理上重温和再现这种交往活动的意念。非正式关系交往有利于这种意念的实现。

6．反馈功能

非正式关系交往有利于增强双向沟通。在交往中，教师可以从学生的言语、情感和行为上了解到他们对学校教育的反响，不断改进教育工作。

学校教育活动是多方位和多层次的，在教育过程中，非正式关系交往是学校教育中一种不可缺少和不可忽视的、有效的教育途径。也是闲暇时间教师对学生施加教育的重要手段，既有利于学生接受教师的暗示和模仿教师的思想行为，也有利于学生形成一定的行为准则，对学生的目标确立、价值定向、性格特征形成和个性发展都会起较大的作用。

非正式关系交往是正式关系交往的补充和延伸，不受时间、空间和人数限制，方便灵活；可消除正式关系交往中的某些副作用，起到正式关系所未能起到的作用；可缩短信息的流程与层次，有利于因材施教，促进学生进步。

建立良好师生关系的主要条件

1．仪表

一个衣着高雅、风度洒脱的教师，无疑会比一个不饰衣表的教师赢得学生更多的喜欢。教师的仪表美，主要包括以下几方面：

第一，衣着朴素、干净、大方、庄重；

第二，容貌净美，这不是说教师要有漂亮的外表，而是指作为审美客体出现在学生面前的令他们感到舒服与愉快的美；

第三，举止文雅。

2．师爱

师爱是激励教师做好教育工作的精神力量。师生之间的爱是双向的，教师热爱学生，一方面可以使学生努力学习、积极进取；另一方面，教师能从学生的进步中，得到深刻的职业情感体验，充分认识教育工作的意义，更加热爱教育工作。具体内容有：

第一，关心、了解学生，全面客观地评价学生；

第二，尊重学生的人格、个性和自尊心；

第三，严格要求，全面教育。

3．兴趣

教师的兴趣，对学生具有极大影响力和感召力，一个教师有什么的爱好和特长，他的学生大多也具有同样的爱好和特长。因此，教师除了熟练掌握自己所教学科的专业知识，还应有广泛的求知兴趣，对数学、物理、化学、外语、天文、地理、历史、生物、音乐、体育、美术、文学和哲学等有广泛的了解。学生的兴趣是多样的、多变的，为了工作的需要，教师的兴趣也应随着学生兴趣的转移而转移。学生喜欢打乒乓球，教师也能打几局；学生喜欢下象棋，教师也能对弈几盘。共同的兴趣，共同的体验，能够促进师生间的情感交流，引起师生间的情感共鸣，有助于师生良好关系的建立。

4．素质

教师的素质高低对于建立良好的师生关起着至关重要的作用。学生往往乐于接近心理素质和专业素质好的教师。

第一，心理素质，即具有发展正常的能力、稳定的情绪、高尚的情操、坚强的意志、良好的性格及和谐的人际关系。这样的教师一般能以诚相见、以礼待人、开朗幽默、审时度势。

第二，专业素质，包括以下几方面：①会讲一口流利的普通话。普通话是教师的职业语言，规范、流利的普通话与方言相比，能给学生一种美的听觉；②会写一手好字（包括硬笔和毛笔）。写字能力是教师必备的一项教学基本功，优美的板书能给学生一种美的视觉感受；③具有良好的语言技能修养。教师是吃"开口饭"的，错落有致的语言，能给人以节奏感、跳跃感以及特殊的和谐美感。生动形象、幽默风趣的语言可以增加听课者的兴趣和热情，许多教师可以获得学生的好感，除丰富的知识外，纯熟和优美的语言也是个重要原因。

如果教师能自觉地在上述几方面做出有效的努力，学生便会对他形成良好的印象，同时也表明良好的师生关系已经建立起来了。但良好的师生关系的形成并不代表关系的终结，事物是不断变化的，良好的师生关系，可以继续保持，也可以中断或走向反面，教师不能有一劳永逸的想法，应不断地为这种良好的关系注入新的营养。

良好师生关系的特点

良好师生关系是指在教育活动中，教师与学生心理上形成的一种稳定的、持续的和融洽的关系。在这种关系中，师生在人格上是平等和民主的。教师对学生宽容而不放纵，严格而不武断，信任而不娇宠，说服、示范而不体罚，使学生识识到学习是他们的责任和义务。学生对教师也是尊敬而不恐惧，信任而不事事依从。

良好的和协调一致的师生关系是有效地进行教育活动，完成教育任务的必要条件，"教育民主""尊师重教"、"教学相长"是这种良好关系的主要特点。

1．教育民主

就其微观而言，"民主"就是使每一个人（包括每一个学生）都受到其他人（包括教师）的尊重，使他们享受和其他人平等的权力。教师民主就是要求教师尊重学生的人格及其个性的特殊性。师生关系民主化是以双方人格的平等为前提的，没有教师和学生在人格上完全平等，就没有民主的教育可言。教师和学生虽然有权利和义务的不同，但在人格上即作为人的尊严应该是完全平等的。只有当学生把教师看做和自己平等的一员时，他才可能心悦诚服地接受教师的合理要求，并将其内化为自己的东西。民主的教育允许教师说服，不允许教师强制，也不允许教师强迫学生接受自己的观点。对待学生的一切思想问题和行为问题，教师应该以平等的态度和学生一起探讨，主要依靠学生自觉地提高自己的认识和思想修养。教师应允许学生不服或对教师的"说服"提出异议，否则会形成学生的被动感，使自主意识衰退。当学生出现不良行为倾向时，应能较多地容忍其缺点和弱点，并在人格平等的氛围中进行温和的对话，严禁斥责、讥讽、体罚或变相体罚。教育民主要求教师提高民主意识，以平等的态度把学生看做自己的朋友，尊重和理解学生的兴趣和爱好，促使其个体意识的复苏和对自我价值的追寻，使之成为聪明、勇敢、自尊和自重的一代新人。

要发扬教育民主，就要允许学生批评教师。长期以来，教师训斥学生被认为是天经地义的事，而学生批评教师则被认为是悖礼犯义。实际上，学生批评教师，是对教师工作高度负责的表现，是对教师的一种关心与爱护。虚心接受学生的批评，不仅有利于教师改进教学工作，而且有利于把学生从小培养成为敢想、敢说和敢于创新的一代新人。

要发扬教育民主，教师要具有"自以为非"的精神。再高明的教师也避免不了有缺点和错误。错误既然出现，教师就应该敢于承认、坚决改正，不应顾惜体面而加以掩饰。

2．尊师爱生

尊师爱生是我国千百年来处理师生关系的优良传统，是社会主义社会人与人之间的关系在教育领域的具体体现。尊师，就是要求学生尊敬教师、尊敬教师的人格、尊重教师的劳动，谦恭有礼、学而不厌，虚心聆听教师的教诲。爱生，就是要求教师热爱学生、爱护学生、关心学生、认真负责、诲人不倦，促使学生在德、智、体几方面都得到发展。尊师与爱生彼此影响、相互促进。教师受到学生尊重会产生自尊感和责任感，从而激发出更大的事业心和积极性；学生受到所爱教师的关怀，就会更加尊敬教师。因此，"爱生"是前提，"尊师"是爱生的必然结果。教师对学生的热爱是通向学生信任教师的桥梁。教师只有热爱学生，学生才会相信和尊敬教师，向教师敞开心扉。教师热爱学生，不仅能激起学生对教师的爱戴和尊敬，还能通过迁移作用发展学生对学生、对其他人亲近友好的感情。

3．教学相长

教学相长是教学过程中存在的客观规律，"教"能提高"学"，反过来"学"也能提高"教"。教师的主要任务是"教"，同时也要"学"，包括向学生学习。学生的主要任务是"学"，同时也可以"教"，包括教育教师。"教学相长"反映了师生间的这种辩证关系。

影响师生关系的主观因素

在教学过程中，要与学生建立良好的关系，教师就要注意下面几个问题。

1．教师的入职动机

它是指教师参加工作的内驱力。教师是师生交往中主动性强的一方，他的入职动机的积极与否直接影响着他与学生的交往。优秀教师抱着甘为人梯，为教育事业奋斗的动机和意念，这是他们做好教育工作的重要因素。如特级教师魏书生在盘山电机厂工作了6年，时刻向往着当一名教师。在6年的日日夜夜里，他对学校的眷恋之情一天也没中断，他向各级领导提出当教师的申请有150多次。因为他酷爱这一职业，所以他在工作中热爱事业、热爱学生，经常去学生家中去为他们排忧解难、了解情况。令人忧虑的是，我国现阶级在职教师和师范院校的学生大多不愿或不安心从事教育工作。特别是在社会上刮起"知识贬值""读书无用"之风和"脑体倒挂"的现实情况下，生活贫寒且无权力的"工程师"再也坐不下来了，师范院校的学生想着未来的工作，怎么也不能把精力集中在学习上。这些现象、工作动机必然给教育带来危害。一肚子怒气、满腔牢骚的教师不可能热爱学生，也不可能花更多的时间去了解学生，因为他们已对这门职业产生了厌恶感。

2．教师的能力

要做好教育工作，要让学生尊敬你、佩服你、相信你，教师就必须有渊博的知识和多方面的能力。一个知识面窄、能力平庸的教师，学生肯定是不会喜欢的。一个合格教师需要的才能有语言表达能力、组织能力、思维能力、管理能力和交际能力等，因此教师应着重培养自己全面的能力。

3．风度仪表

学生，尤其是中小学生，常把教师当成偶像和标准。由于他们身心发展的不成熟性，对教师有较强的依恋感。加之，教师这个职业本身就是示范，所以教师的风度仪表影响着师生的交往。风度仪表是一个人德、才、体、貌各方面素质在社会交往中的综合表现所形成的独特风貌。例如，有的教师敏捷机灵，有的老成持重，有的温柔细腻，有的含蓄深沉，有的幽默风趣，等等。对于有良好风度仪表的教师，学生大多给予积极的评价，抱有好感。而对那些不修边幅、不拘小节、蓬头垢面的教师，学生是不会喜欢的。

总之，良好的师生关系有助于教育和教学工作的顺利进行，有助于培养创造性人才。

师生交际手段的综合利用

良好的师生关系是在长期的师生交往中形成的，这一交往需要借助一定的手段来进行。人类的交往手段不外乎言语和非言语符号，每一种交际手段都有其不同的特点。以时间、条件、地点为转移，因人、因事和因地采用不同的手段与学生交往，对形成良好的师生人际关系是极为重要的。

1．言语交际

言语交际是师生间最基本也是最重要的交往方式。师生间进行言语交际要做到准确、有效和可接受。其中，准确性是前提，可接受性是基础，而有效性才是最终要求。

（1）精确语与模糊语相结合

师生交际，言语准确是必须做到的，但准确并不等于精确。客观情况是复杂多样的，有时模糊语更能传情达意。在课堂上，教师有时会说"绝大多数同学表现很好，只有极个别同学仍需努力，我相信他也能做好的"，这既保护了少数学生的自尊，也起到了警醒的作用（当然要根据具体情况，灵活运用）。

（2）一次表达与分层表达相结合

师生言语交际目的存在着简单与复杂、单一与多重、容易实现与难以实现的区别，这就决定了言语交际目的表面存在着一次性与分层性表达的不同。一般情况下，如果叫学生答问，安排作业等，教师可采用一次性表达，而在做思想工作时，就需要苦口婆心，对所表达的意图进行分解，渐渐向学生传授，充分考虑到学生的可接受性，从而收到较好的效果。

（3）口头语与书面语优势互补

言语交际包括口语交际和书面语交际两种。口语交际是有声语言交际，书面语则是依靠文字为物质媒介的交际，这两种交际方式分别适用于不同的环境，二者各有所长。在师生言语交际中，更多的时候是采用口语，如课堂讲解、课后谈心等，而有时书面语却能起到独特的妙处，如教师在作业批改中写"好""继续努力"等字样，无疑对学生是一种巨大的鼓励，有的教师倡导学生给教师写几句心里话，提几点建议，甚至写几封信，都是可以加强师生沟通和理解的。

2．非言语交际

非言语交际是借助言语符号来传递信息、交流思想、表达情感，以求达到某种目的的一种社会活动。在师生交际中，他们无时无刻不用非言语符号进行交际活动，运用非言语符号来表达自己的思想、情感、意志和意向。它是师生间心里沟通，情绪和情感、态度和兴趣相互交流与感应的过程。与言语交际相比，非言语交际更能显出其特独的隐喻性和暗示性，以及强烈的"人际感染与吸引"。非语言交际包括以下几种。

（1）面部表情

处于学生注目中心的教师，丰富、鲜明的面部表情可以向学生施加心理影响，并产生积极效果。特定的面部表情可以营造出特定的交际氛围，或喜或悲，或轻松或严肃。但要注意的是，教师不要喜怒无常，不要表现出一些不合规范的面部表情，如咧嘴大笑等。

（2）人际距离

教师和学生的人际距离，会影响学生的心理和行为，对学生产生不同的"情感效应"。在课堂上，教师根据需要，既可以站到学生中间，也可以站到讲台上，甚至站到某个"捣蛋鬼"旁边，而在倾听差生答问时，教师身子可稍微向他倾斜等。

（3）目光注视

"眼睛是心灵的窗户"，它能表达出其他手段不能表达出的微妙意思，它是非言语交流中运用最多的一种形式。用诚恳和信任的目光望着回答不上问题的学生；对捣乱的学生投以严肃的一瞥，都可以产生一定的效果。教师切忌目光游离，如在与学生交流时看别处，讲课时看教室后墙，而不敢正视学生。

另外，非言语交际还包括手势、身体姿势和服饰等，这些都会影响师生间的交流，从而影响师生间的人际关系。教师在教学过程中，可根据具体情境，灵活运用。

教师导学者角色的扮演策略

如何优化教师导学者角色的扮演，帮助学生学会学习的进程？张伟平老师研究提出，从教师导学者角色扮演的制约因素看，在注意教学方法运用和教学形式改革的同时，还需着重掌握以下四方面的一般策略。

1．教育观念现代化

角色观念支配角色行为。有些教师对角色期望的明晰度很低，以致导学者扮演不力，其中一个十分重要的根原因在于他的教学观尤其人才观尚未更新，或对现代化教育观尤其人才观虽也略知，但未彻底内化，在他们那里，传统的教育观尤其偏重知识存储的人才观仍有相当的市场。当社会上其他人对教师的期望与自己这种由传统观念衍生的关于教师位置的期望相左，各角色伙伴对教师这一角色所持的观点相悖时，教师个体情感的天平就会发生倾斜，自觉不自觉地落入过时的旧套或滑向所谓的"新轨"，使导学者角色期望的朦胧。因此，要提高对角色期望的明晰度和避免模糊性，处在教师位置上的个体，应使自己的教育观尤其人才观现代化，懂得现代社会需要教师造就的人才。从素质上看，既有良好的政治素养（具有无产阶级世界观等），又有创新的科学能量（摄取、更新、运用信息的能力，探索、研究能力等）；在知识结构上，既有横向广博性，又有纵向深邃度。只有懂得并内化这种现代人才观，教师才有可能在社会大小系统关于教师角色的要求不一致时，仍保持自己对导学者期望的明晰性，从而为有效地发挥其导学者功能奠定思想基础。

2．行为方式"成人"化

B型人格结构者处事专横独行，C型人格结构者则思想优柔寡断，两者都不利于学生能动地介入教学过程，只有A（成人）型人格结构者是教师导学者胜任的希望所在。因此，要提高导学者角色的效绩，教师的课堂行为方式必须"成人"化：

第一，民主领导。即在教师启发指导的同时，赋予学生以充分的信任和充分的尊重，向学生提出具体的问题，而不过多地干涉学生如何实现这一目标的方法、途径，使师生之间不仅有良好的沟通，建立一定的友谊，还可以互相交换意见与讨论问题。

第二，鼓励求异。许多中小学教师，虽然并不反对，甚至允许学生发展思维，允许他们介入教学，但当学生的提问、答问或解题方式"怪异"或"奇怪"甚至不合常规，尤其出乎教师意料时，教师便会对之冷处理、负强化。正是这种因子的恒常作用，严重地压抑学生主动参与教学过程，使得教师导学名存而实亡。因此，在教师的导学过程中，不仅要允许学生参与，而且要允许学生真正求异，即使这种求异有所出格，也应妥善对待，甚至鼓励其行。此为成功扮演导学角色的上策之一。

3．角色伙伴代演化

课堂教学中，教师的角色伙伴即学生的心态并非静止的。而在许多情况下，学生的思想、情绪及意图都反映着人脑结构的复杂性。随着客观条件的变化，他们的思想表露形式也会变化，可能采取活动的和公开的形式。那么，如何提高教师的角色认知技能尤其是分析和推断力，以增加导学的有效性呢？角色伙伴的代演化具有重要作用。

所谓角色代演，就是我们平常所说的"设身处地""从其他人的角度出发"。教育社会心理学认为，教师代演学生，一方面采取学生的态度来评估教师的知识传授和问题引入，看其是否符合导学者的角色期望，是否具有启发学生学会学习的效果；另一方面则立足于学生的角度来审视其角色伙伴——教师的课堂表现，尤其是他们在课堂教学中的姿势、动作和面部表情等，这样代演对教师的问题发现往往具有十分重要的意义，从而提高教师对导学角色扮演中出现的、带有相当模糊性的问题诊断的准确性。

如果仅从教师的角度来分析课堂迹象，那么就很难准确把握在这些迹象之后的各种参数的细节，甚至觉察不出学生能动参与教学过程的涨落。

4．决策思维辩证化

教育观念现代化、行为方式成人化以及伙伴角色代演化等，都为教师正确地把握课堂决策提供了条件，但仅仅做到这些还是不够的，课堂决策的正确与否以及教师导学角色的成功程度，还直接取决于其决策思维的辩证与否。然而怎样依据现代教育观念，凭借着角色代演等所获得的信息，进行贴切的决策思维呢？这就要注意以下两个方面。

（1）要多向度思考

在教学过程中传统的思维方式是单向度的，即教师在辨析某一课堂现象时，只固执某一单独角度，研究对象单方面、单层次以及单种可能。由这种思维所导出的关于该课堂现象的决策也往往是片面的和平面式的，它只遵循这一固定的思路，确定单一的目标，采取单一的解决途径，这种思维显然是不利于课堂决策的正确进行的。处在教师位置的个体当面临突发问题时，理应从各种不同的角度来研究该问题的多方面、多层次及多种可能。只有对问题多向探索和立体思考，才能把握问题的多级本质和真正原因。

（2）须开放式谋划

不少教师在分析其导学过程中出现的偶发现象时，往往采取封闭性思维，即分析问题仅仅局限该问题本身，而割断问题之间及问题与外界的有机联系，这对正确的课堂决策显然是有害的。正确的做法应当是在多向度思考的基础上，对事物进行开放式谋划。教师只有正规课堂教学这一开放系统与外界环境的广泛联系与它们间的相互作用机制，才有可能正确地诊断出问题的症结，从而采取合理决策，使导学活动形成一种更为有序的稳定结构，使教师导学角色发挥出最优的整体功能来。

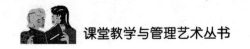
师生关系中期待的作用

期待是一种符合某人身份的预期希望，被期待者了解和领会到他人对自己的期待就可能产生较大的期待效果。期待是实现目标的有效手段之一。心理学研究表明，家长期待子女勤奋学习与子女的勤奋率成正比。

教师与学生之间的关系也是如此。学生对教师的期待是一种尊重和热爱、一种信赖和促进。在学生的心目中，教师应该是各方面的楷模，他必须有较高的教育教学水平和循循善诱、诲人不倦的教学态度，他必须有良好的师德和师表。如果一个教师具备了这样的素质条件，就会受到学生的尊敬和热爱，赢得学生的信赖，学生就会出现学习兴趣，自觉主动地学习。教师从学生的信息反馈中也受到激励，他将更严格地要求自己，更严谨地治学，克服自身的弱点和缺点，逐步完善。而一旦教师的形象在学生心目中受到损害，学生的期待落空了，就会大大地影响学生的学习兴趣，挫伤积极性，妨碍学生成才。

教师对学生的期待，对学生的健康成长起到决定性的作用。教师对学生的期待是一种信任、一种鼓励、一种爱。日积月累，学生就会产生力量和信心，学习努力勤奋，产生"皮格马利翁"效益，获得期待效果。如果教师把一个学生看"死"了，认为学生成绩不可能提高，缺点不可能被纠正，对差生缺乏自信。或者教师有偏心，厚此薄彼，学生就会自暴自弃，不求上进，产生逆反心理。

一个有责任感的教师，会期望自己的所有学生都成为国家的人才。但是学生的气质、个性特点和原有经历不同，知识基础、知识水平各有差异，对自己的要求也有高有低。教师要区别不同情况因材施教，加以指导，对学生提出恰如其分的希望与要求，要切合学生已有的知识、智力水平，既不过高，也不偏低。适宜的期望目标能帮助学生增强学习自觉性和在学习中克服困难的坚强意志，以取得良好的学习效果。

有的学生对自己要求不高，随遇而安；有的学生自认为先天条件差，不思进取。他们的期望目标过低，无需付出太多努力就能达到，这样容易养成懒惰习惯。对于这些学生，教师要帮助他们修正自己的期望目标，督促他们努力。

　　教师不仅对部分学生提出期望目标，而且要向全体同学提出基本的期望目标，使他们的身心都得到发展，达到大面积丰收。

　　总之，教师的期待有如催化剂和加热剂。如果教师能帮助学生建立起适宜的期望目标，就如同在学生心头点燃了知识大厦阶梯上的一盏盏闪亮的明灯，促使他们向着目标不断前进、不断攀登。

师生关系中自我意识的作用

一个人要成为教师，就必须明确教师的职责。他要学习如何关心与热爱学生，如何完成教书育人的任务，不断地以教师的行为道德规范要求自己，影响学生。因此，他就要不断地体验学生、家长和同事的反应——积极与消极的反应，从而巩固被肯定的行为方式与态度，改变被否定的行为方式与态度等，使自己的言行更加符合"教师"这一称号。由此可见，"我是一个教师"这种自我意识是在教育情境中和在师生相互影响下形成的。

"教书育人"是人民教师的主要职能，是社会上人们对教师的一种普遍的期望和要求。"教书"是教师向学生传授知识，帮助学生成材的全部教育教学过程。他必须组织好每次课堂教学，帮助学生掌握和消化所教的学科知识，引导他们能动地、创造性地学习，使他们增长能力。教书是手段，育人是目的，教师精心设计、精心组织和实施教学的各个环节，把"育人"目的全面地寓于教学过程之中，并且对学生进行及时的、形象生动的思想教育。每个教师只有明确"教书育人"的职责，明确"教师"这一职业的社会功能，才能增强自己的光荣感、责任感和使命感，珍惜教师的荣誉，培养高尚的道德情操，言传身教，持之以恒，成为学生的楷模并赢得学生及家长的尊敬，在实践中逐步完成自身的塑造。

学生是教育的对象和学习的主体，必须明确自己在校的主要任务是学习，在教师的引导下，树立崇高的理想及正确的学习目标。有了这样的自我意识，学生才能有刻苦、认真的学习态度，学而不厌，求得真知。

师生关系中教师的主导作用

形成亲密的师生关系是师和生的双向活动，既要有教师的爱生，也要有学生的尊师。但是，正如一切教学活动中教师都处于主导地位一样，亲密师生关系的形成，使教师处于主导地位，具有主导作用。这是因为教师是教育者，学生是被教育者，教师对学生有着导向作用。这个导向作用发挥得怎样，直接影响着亲密师生关系的形成。

一般地说，学生都具有"向师性"，任何一个学生都愿意和教师接近，都愿意听从教师的教导，和教师交谈学习和生活中的感受，和教师交朋友，强烈地期待着教师的爱。有人曾形象地说："学生就好像花草树木趋向阳光一样，趋向教师。"据调查，学生对教师有亲近、感激而仰慕的心理，在心理的比重上约占80%。从这里我们可以看出，学生本没有与教师作对的心理，只要教师能爱护学生这种非常宝贵的"向师性"的心理，师生之间就一定会建立起一座友好和信任的桥梁。

有人说，学生具有"向师性"，教师也具有"向生性"，哪一位教师不爱自己的学生，不希望自己的学生进步，不期待学生成材呢？那么师生之间"闹别扭"的问题实质在哪里呢？把问题归之于学生是说不通的，问题的实质是教师徒有"向生性"的良好愿望（也许有的教师还没有这样的愿望），缺乏工作的责任心、教育方法和在学生中的威信。在现实生活中我们看到，在同一所学校里，面对着同样的学生，有的教师与学生关系和谐，有威信；有的教师与学生的关系不和谐，没有威信。

有些教师不是靠自己高尚的品质、渊博的知识、高超的教学水平和对学生真诚的爱来赢得学生的信赖，而是认为威信来自对学生的严厉，即从保持教师的威信意愿出发，对学生提出主观要求，如果因为学生不能满足教师提出的要求，就从严处罚，那么他们经常采取变相体罚、辱骂和斥责学生等做法，对学生的人格进行冷酷的摧残，是不可能在学生心目中树立起威信的。

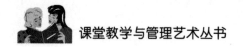

建立良好师生关系的几条措施

在教师和学生交往过程中，建立良好的师生关系，对学生品德的培养、学业的提高、差生的转化以及全面贯彻党的教育方针、培养适应社会发展的一代新人，都具有极大的作用。那么，如何建立良好的师生关系呢？福建省政和县第二中学赵宗棋教师认为须做到以下几点。

1．正确对待教师威信

重视自己在学生中的威信是教师普遍具有的职业心理。教师的威信分为两种：权力威信，是指教师的行政权力或传统观念所产生的威信；信服威信，是指教师良好的思想品德、不凡的教学能力和严谨的教学态度与作风使学生自愿接受、内心佩服而树立起来的威信。只有权力威信而无信服威信，只能是一种表面的威信。一些教师喜欢用教师的权威来维护自己的威信，例如：以高压获得威信；以严肃获得威信；以放任讨好获得威信。结果适得其反，往往丧失威信，严重损害了师生关系。可见，消除教师的权威心理，正确对待教师的威信，是建立良好的师生关系的关键。

2．热爱学生、尊重学生

苏霍姆林斯基把"爱孩子"当做教师最重要的道德修养，认为这在教师素质中起决定作用，是教育艺术的基础。当学生从教师那里感受到了这种真诚情谊时，会得到精神上的满足，产生奋发向上的力量。而经常受到教师的嫌弃或不友善待遇的学生，往往自尊心受到伤害，郁郁寡欢，远离集体，严重阻碍了他们的进步。

爱学生的同时要尊重学生。教师在对学生倾注自己的一片深情之时，要尊重学生的人格，爱护学生的自尊心，有礼貌地对待学生，不管他们是"优生"还是"差生"。

3．教师必须树立正确的"学生观"

优秀教师心目中的学生，不管什么类型，都是可爱的和可以教好的学生。与学生关系紧张的教师，他们心目中的学生，调皮捣乱、笨头笨脑的多，因而对教好学生的信心不足，对学生爱不起来，也体会不到学生尊师的欣慰感。这种错误的"学生观"，会导致教学的盲目性，违背心理学和教育学原则，破坏师生关系，降低教学效果。

教师必须防止把学生的"教师观"简单地理解为尊师或轻师。因为凡是认为学生都有尊师心理的教师，往往把学生看成言听计从、接受知识的"口袋"，忽视学生的独立思考能力、个性特点和年龄特征。这样的教师，对学生要求不严，满足于学生循规蹈矩的表面现象，而认为学生都有轻师心理的教师则会误认为学生多数是调皮捣蛋的、与教师作对的，怀疑学生的一切言行，缺乏对学生的同情心和责任感，对学生吹毛求疵，要求过严，这些都不利于树立正确的"学生观"。

4．加强教师职业道德修养

教师的职业道德是社会向教师提出的关于教师对自己的言行、职业以及对社会、对受教育者所应有的道德要求体系。它反映了教师的职业义务，体现了教师对社会、对所从事的事业和对学校所负的道德责任。所以，职业道德是教师的灵魂，是贯穿教育全过程的精神支柱。有的教师之所以对学生不尊重、不信任，缺乏责任感，是因为缺乏教师应有的职业道德修养。因此，搞好师生关系，有必要加强教师的职业道德修养。

5．改革学校内部的管理体制和运行机制

当前，学校内部劳动、人事和分配制度存在的弊端，主要是缺乏科学合理的教职工任用管理制度和充分体现按劳分配原则和利益导向原则有机结合的运行机制。导致教师队伍人才利用率低，学校机构臃肿，人浮于事，扼制了教师在履行职责、达到工作目标的竞争中不断提高进取的内驱力，教师工作的积极性不高。教师不愿多教课、不愿多承担工作、不安心任教。在这种状况下，只有改革学校内部管理体制，端正教师教书育人思想，才能为建立良好的师生关系提供根本保证。

总之，教师应该努力消除自己与学生关系中的消极因素，缩小师生间的心理差距，建立积极向上、相互协调和相互尊敬的师生关系，促进教育事业的发展。

师生情感关系调节

教学主要是由教师与学生、学生与学生之间形成一种以真实、接受和理解为特征的课堂中的"人际关系"，学生在这种关系中能"自由表达"和"自由参与"，并意识到自己的存在和力量。

1. 创造良好的心理环境

师生之间的交流不仅是信息交流，而且是情感的交流。情感对于教学效果具有一定的制约和强化作用。卡尔·罗杰斯说："课堂气氛主要是教师行为的产物。"他把教学活动看成是形成真实、接受、理解的心理气氛。真实，是指教师要对学生真诚袒露，不要掩饰自己的短处和过失，以缩小师生之间的心理距离，增加亲切感；接受，是指教师要对学生有信任感，相信学生有合作意向、合作动机和对集体有建设性倾向；理解，是指要尊重学生的人格，站在学生角度理解学生，对学生更多的是鼓励和循循善诱。课堂上教师与学生之间的信息通道是以心理活动为中介的，双方心理活动的具体状态决定着通道的容量。因此，为了达到最优的教学效果，必须在课堂上创造一种有利于信息交流的最佳"心理场"。教师满腔热情地启发、诱导和帮助学生，可以增加学生学习兴趣和克服困难的信心，而学生良好的学习态度能给教师以精神慰藉，使教学更富激情。通过这样良好的情感的双向交流和反馈，师生之间感情融洽、配合默契、宽容和谐的心理环境才能逐渐形成。这样，教师教得得心应手，学生学得津津有味，教学质量明显提高。

2. 利用语气的调节作用

语气调节，是指教师在教学过程中变换语调，把声音强弱、节奏快慢和情感抑扬的声、色、情三者融为一体，运用到语气上，使学生体味出"言为心声"之意。提问调节是用提问法调节课堂纪律，当然，提问不能代替讲授，只是在教学需要或在课堂纪律局部混乱的情况下，提出本节课已讲授过的问题，来调节一下不佳的课堂纪律。停顿调节是教师因发现课堂上学生违纪现象，突然停止讲课，这一举动无疑使学生感到诧异，学生只好在默默无语中等待。教师通过这片刻的停顿，来造成特殊的静态环境，促使违纪学生在静中醒悟，停止违纪。为了创造师生之间心灵交往的和谐境界，教师在课堂上除使用准确、生动和感情丰富的教学语言外，为了不中断课堂教学，还往往采用体态语言来调节情感的交流。目光交流在课堂上起着重要作用，学生能从教师赞许的目光中得到鼓励，在凝视的目光中赶快集中自己的注意力，这比中断课堂教学训斥几句，甚至采取极端措施收到的效果显然会好得多。教师通过目光，把自己想要表达的愿望、态度、思想感情和言语迅速地传给学生，学生触目知心、知理、知错，从而做出动心、动情、动行的反应。微笑是活跃课堂气氛的润滑剂，教师亲切和蔼的笑容，能引起学生良好的情绪感觉，激发学生积极的学习态度。

3．对差生倾注更多的爱

在教学过程中，如何正确对待"差生"是教师应该特别注意的。有的教师见到成绩好的学生眉开眼笑，对待成绩差的学生冷若冰霜，甚至冷嘲热讽，这种感情上的强烈反差，伤害了差生的自尊心，在师生之间筑起一堵墙，造成情感上的隔阂。"教育成功的全部奥秘在于尊重学生"，如果教师不能以平等、相互尊重的态度对待学生，那么他在学生心目中绝不是一位真正的好教师。因此，教师要对绝大多数学生抱有成功的期望，特别是对差生倾注更多的爱，如为他们设计一些难度较小的问题，布置一些内容较简单、数量较少的作业，让他们有较多的表现机会。这样他们就会慢慢对学习产生兴趣，树立起学习的信心，去掉消极的自卑心理。

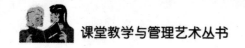

热爱学生是师生关系的基本准则

教师在教育劳动中要处理多方面的人与人之间的关系，而师生关系占有突出的重要地位。教师劳动的对象是学生，教育和教学劳动的过程，是师生不断交往、互相影响的过程。师生关系是否亲密友好、是否和谐一致，直接关系到教育过程能否顺利进行，关系到教育工作的效果。一个教师热爱教育事业，按照一定社会或阶级要求做到教书育人，都要通过正确处理与学生的关系来体现。因此，教师道德把正确处理教师与学生的关系作为极其重要的内容。

古今中外许多教育家，都很重视师生关系问题，并把热爱学生看做教师的基本美德。我国古代大教育家孔子主张教师对学生要"仁爱"，做到"诲人不倦"。他说："爱之能勿劳乎？忠焉能勿诲乎？"我国近代教育家夏丏尊说，教育没有情感，没有爱，如同池塘没有水一样，没有水就不能称其为池塘，没有爱，就没有教育。瑞士著名的教育家斐斯塔洛齐提倡教师要对学生有"母亲般的爱"。苏联教育家苏霍姆林斯基把"爱孩子"看做一个教师生活中最重要的美德，他说："要成为孩子的真正教育者，就要把自己的心奉献给他们。"他们都认识到教育工作中爱生的重要性，把教师热爱学生视为教师劳动不可缺少的道德要求。

建立在公有制基础上的社会主义师生关系，是根本利益一致的平等、友爱和互相尊重，为建设社会主义共同奋斗的新型道德关系。邓小平同志指出：我们提倡学生尊敬师长，也提倡师长爱护学生。这种新型的道德关系，使教师"热爱学生，诲人不倦"，具有社会的现实性，也具有客观的必要性。教师能否热爱学生，诲人不倦，决定性地影响着师生之间的道德关系，而这种关系的状况如何（是和谐一致的，还是抵触对立的），会直接增进或损害学生的利益和教育事业的利益。因此，社会主义教师道德把"热爱学生，诲人不倦"作为调整教师与学生相互关系的行为准则，保证社会的整体利益。

之所以确立"热爱学生，诲人不倦"这个师德规范，作为广大教师应当遵守的行为准则之所以必要，是因为在实际的教育活动中，由于各种主客观因素，存在着师生之间经常产生矛盾，教师不能很好地热爱和教育学生的可能性。

比如，教师和学生在教育过程中处于不同的地位，负有不同的职责。教师的工作是力求学生多用功一些，掌握知识牢固一些。而学生有时不了解掌握知识的重要性，总要求多玩一会，学习轻松一些，往往错误地把教师的严格要求看做是自己的额外负担。如果教师没有进行耐心教育，充分向学生说明作业的合理性，而是态度粗暴，即使教师的要求是完全正确的，也会被学生误解。

又如，教师和学生虽然处于共同的教育和教学过程中，但师生在知识、社会经验和世界观的成熟性等方面有明显的差异，因此对生活的理解和认识不一致。如果教师不能经常深入学生中，了解自己教育对象的思想特点，并与之沟通，就易产生思想认识上的差距，使教育工作更加困难。

再如，教师对学生的情况了解不够，对学生的个性特点、兴趣爱好、行为动机和生活环境等了解不全面，那么评价学生行为，采取的教育措施，就有可能不正确，这样也会造成师生间的矛盾。

还有，教师对待教学工作缺乏应有的责任感，对学生缺乏热爱，或者偏爱、歧视、不尊重，也会直接导致师生间的情感对立和矛盾。

正是由于教育工作中师生之间存在种种矛盾的可能性，教师道德规范的调节十分必要。在教师和学生的关系中，主要的和主导的方面是教师。教师的道德观念和道德行为，对师生间的道德关系状况起着主要的和决定性的影响。社会主义社会要求教师遵循正确的道德规范，根据师生关系的特点自觉调节师生关系，以保证教育目的和教学任务的完成。在这里，最重要的，就是要自觉遵守"热爱学生，诲人不倦"这个师德规范。

在社会主义教育职业活动中，"热爱学生，诲人不倦"这一师德规范的基本要求是：每个教师要以社会主义思想和道德为指导，从高度的工作责任心和社会责任感出发，全身心地热爱、了解和关心每一个学生，对所有的学生不偏爱、不歧视、一视同仁；尊重学生的人格、个性和自尊心，善于学习学生的长处；按照社会主义的教育方针，对学生严格教育，全面要求，全心全意地把他们塑造成为德才兼备的社会主义建设人才。这一师德规范及其基本要求是人民教师正确处理与学生相互关系的行为准则，是社会主义学校师生关系矛盾规律的正确概括和反映。自觉遵守这一师德规范及其基本要求，是教育好学生，做好教育和教学工作的重要保证。

情感心态与师生关系

师生间情感相通的基础是理解，它是师生实现关系和谐、融洽的前提。

从心理科学的角度来认识，理解是一种需要，其动机是想得到尊重、实现自我价值。教师是教育者，应先去理解学生，因为这可以使学生的心理需要得到满足，心理得到满足就有了情感的体验。学生在欢乐、被信任和被尊重的体验中，对教师产生好感，心理产生欢迎趋向。有了这种积极的条件，教师的教导意向会转化为学生具体的一言一行，师生间会出现共振的效果。教师的教诲学生乐意听，教师布置的任务学生乐意完成。

理解学生在师生关系中是一个重要因素，而如何理解学生既是一门艺术，也是一种理性认识。教师理解学生固然重要，但并非无原则，符合社会主义培养目标的理解即为正确的理解。既然理解是一种得到自尊、实现自我价值的心理需要，这就必然要涉及个体的需要与班集体一致的行为驱同——心理整合。学生中的尊重需要，往往存在着这样一种现象：希望得到老师和同学的理解与尊重，却不懂得先理解和尊重别人。面对这种现象，教师不要冷言批评和训斥，应采用心理整合的方法，使其行为驱同于尊重是双向的和互相的，是班集体的需要。那么怎样进行心理整合呢？教师可向学生提供具有启示性、鼓励性、亲切性的参照系，即提供榜样，用榜样引发学生的模仿动机。一旦模仿动机形成，榜样的非强制性刺激就会在学生中再现。

师生间情感相通的条件是给予，它是实现师生关系和谐和融洽的关键。

肯给予才能获得，能动地、有效地运用给予，会促进师生间相互了解与信任。教师是学生的榜样，应以语言和行为潜移默化地影响学生，用教师自身的给予使学生认识到不给予就得不到他人的真情实感这一间接的心理体验。教师提前到校深入班级，把属于自己的时间给予学生，如为学生缝补衣服等，这些看似平常的小事却能使学生在心理上得到满意的体验，在体验中教师的理解会一步深似一步地扎根于学生的心底，迸发出情感的火花。教师率先做到了给予不是目的，应该由教师的给予引起学生道德行为的体验，使他们在自我给予的行为中品尝他人在情感上的回报。一句"谢谢"或一个感激性的微笑、眼神，都会产生这样的效果。

由心理体验到行为体验，这一飞跃是离不开教师的主导作用的。根据学生愿意自我表白这一个性心理，教师一定要给予学生自我表白的机会，使他们的才能和智慧在集体中充分显示出来。在显示自我的同时，学生之间的品评和对比也应时而生，其间领悟到成功的喜悦和未达心意的不足，这将把学生的兴趣、爱好乃至想象基本引入道德轨道。

哈尔滨市第九十八中学施继范等教师做了这样的实验：利用每天早晨半小时的自习时间，开展"十分钟给予"活动。半小时由三个学生包揽，有的在教学方面给集体解疑，有的在文言文或语体文方面给集体扫除障碍，有的给大家一条带有自我分析的名言警句。一个早自习就有三个学生自我表现，一个学期下来每个人都有十几次的自我表现机会，而且由于学生好胜心强，都想高于别人，这种带有竞争性质的"十分钟给予"既训练了学生严格的时间观念和自治能力，又把学生的智力因素与非智力因素一并导入能力与情感的交流中。

师爱行为的基本要求

1．关心了解学生

只有全面了解学生，才能做到更好地关心学生。特级教师斯霞说过："爱学生，就必须了解学生。"她每接一个班，就普遍进行一次家访，平时也尽量挤出时间走家串户，了解学生在家的表现及家庭对学生的影响，了解学生的内心世界，性格特征和兴趣爱好。哪个学生情绪反常，哪个学生乳牙松动了，她都能及时掌握，不仅有针对性地进行关心，还要在生活、思想等诸方面给予关心。

2．尊重信任学生

尊重学生就要尊重学生的人格。教师和学生在人格上是完全平等的，蔑视学生人格，就是蔑视教育。一些青少年被腐蚀，往往都是从人格上被腐蚀开始的。因此，对一般学生的教育，批评可以言词严厉，但不能采取诸如讽刺挖苦、污辱人格的做法。因为这种做法只能引起学生内心反感，激化反抗心理，加剧师生间的矛盾，甚至使少数学生养成蛮不讲理的习惯，而不能使学生明白自己错在哪里。长此以往，学生那微弱的自尊心一旦丧尽，再也不顾及"人格"，开始"破罐子破摔"，其后果不堪设想。

尊重学生就要尊重学生的个性。教师应深深喜爱学生所特有的个性，从这种未成熟个性对未来社会的积极影响方面对学生个性加以肯定，并发展学生的性格和正当的兴趣爱好及特殊才能，而不应将自己的主观意志强加于学生，处处要求整齐划一，把学生模式化，扼杀学生的个性和创造性。

尊重学生就要信任学生。信任也是一种教育力量，它可以增强学生的自信心，鼓励他们克服困难，积极上进。有这样一个故事：一个好吃懒做、衣衫不整的女孩，老师、同学都嫌弃她，她索性"划破船"。她母亲带她去向一位心理学家求诊，教授跟她谈了一会儿，突然问道："孩子，你难道不知道你是一位漂亮的姑娘吗？"姑娘面带迷惘的神色反问道："是真的吗？"教授肯定地说："是的，我认为你非常漂亮。"听到这话，姑娘的眼睛顿时闪出一丝亮光，脸上渐渐出现微笑。这样的话她从未听过。教授拉着姑娘的手说："今晚我和我夫人要去看芭蕾舞剧，想请你和我们一块去。"姑娘立即回家准备与教授一道前往。快到时间了，教授听到一阵阵敲门声，开门一看，一位整洁、美丽的少女站在教授面前。后来，这位姑娘改掉了缺点。这个故事告诉我们，尽管学生有这样或那样的缺点，但其心灵深处都隐藏着自信心的渴求，这是唤起学生自我意识的契机。教师应充分相信学生的心灵是为接受一切美好的东西敞开的。即使是差生，也都有其自身的"闪光点"，教师要善于捕捉，使之发扬光大，而不应漠然视之。信任学生，还应相信学生的能力，放手让他们自己管理自己，自己教育自己，培养他们敢想、敢说，不唯唯诺诺的创造精神，促使学生得到优化发展。

3．公平对待学生

教师对学生的爱是无选择的。热爱学生，必须对学生一视同仁，平等对待，不能掺杂任何偏见，应把自己的爱倾注到每一个学生身上。不论学生是男是女，长得俊丑，成绩好坏，是听话还是淘气，是领导干部子女还是一般群众的子女，都要一样爱他们，甚至连家长不抱希望的学生也要爱起来。不能有亲有疏、有远有近，不能把眼睛只盯在几个"尖子"学生身上加以偏爱，而对成绩差的学生则冷眼相待，甚至对他们施加压力，驱赶他们出校门，这是一种不道德的行为。教师应力求做到，使每一个学生都感到自己付出的努力能得到公平对待，使他们轻松愉快地融合在班集体之中。"好""差"是相对的，每个学生都好比一粒种子，有发芽、开花、结果的可能性。只是有的发育得早，有的发育得晚，有的枝上挂果，有的根上结实，有的可能作为栋梁之材，有的可以做药用之材，而有的则以自己的芳香和姿色美化着人们的生活。各有各的特点，各有各的用途。因此，对于他们，需要的是从不同的角度，以不同的方法，用不同的规律去开发。后进生只是暂时掉了队，他们同样是祖国的花朵，同样值得我们去爱。

4．严格要求学生

俗话说，"严师出高徒""教不严，师之惰""松是害、严是爱，不管不教要变坏"。教师徒有一颗热爱学生的心还不够，还要在思想上、学业上严格要求他们。不迁就，任何时候都把"严"与"爱"结合起来，爱而不严非常也。当然，教育上严格与态度上的严厉是不能等同的，在学生面前整天阴沉着脸，动辄训斥，让学生畏惧自己，不是严格要求。严格要求应该是合理的、善意的、可理解的和现实的。苏霍姆林斯基说："一个好的教师，就是在他责备学生、表现对学生的不满、发泄自己的愤怒的时候，他也时刻记着：不能让儿童那种'成为一个好人'的愿望的火花熄灭，而应充满情和爱。"

此外，教师对学生的爱还离不开高超的教育教学技巧。一个教师若无真才实学，又不勤于钻研教育教学业务，是不会为学生所欢迎的，"爱生"也只能是一句空话。

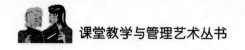

师爱的传导六法

师爱的传导有法，但无定法，一切要因人、因事、因时及因条件和环境而异。湖北省武汉市教科所王莲老师将实践中一些有经验的教师所采用的方法归纳为以下六种。

1．语言表达法

语言表达法即用语言表达教师之爱。教师在说话时，用词的选择、语调的高低、语频的快慢、语气的柔硬，以及手势、表情和眼神，都可以传导师爱。比如，一个学生因犯了错误受到校长的批评而非常难过，主动要求在班内检讨。班主任在他检讨后，充满感情地说："一个人犯了错误不要紧，就怕不认识、不改正。×××同学今天的认识很深刻，很有诚意，我们相信他一定会以实际行动改正错误，我提议为他的进步鼓掌。"全班同学立刻报以热烈的掌声，这位教师的几句话就像一剂"兴奋剂"，一下子给那个垂头丧气的学生提了"神"。

2．"投其所好"法

"投其所好"法即教师和学生来一个"心理换位"，站在学生的位置上，想学生所想、乐学生所乐，去发现学生所好、尊重其所好，然后来一个"投其所好"。在小学里，男孩子喜玩弹弓，高兴起来还要把同学当靶子射。教师可以来一个"投其所好"，把小弹弓手组织起来办射击比赛，同时做出若干规定，如上课不玩弹弓，不准对路人和同学射击，凡在比赛中遵守玩弹弓规则者并获胜给予奖励，把孩子的游戏引上了正道。这种表达师爱的方式，更易为学生所接受。某中学一个班的女生因追求服饰美，打扮越来越奇、越来越怪。班主任理解少女正值青春时期的爱美心理，没有责备，也没有简单制止，同样也来一个"投其所好"。他组织了一次服装美竞赛，由每位女学生穿上自己认为最美的服装参赛。经评选，几位服装朴素大方、款式新颖、充满青春活力的参赛者获奖。而那种以奇为美、缺乏学生特点的服装则被淘汰，全班对服装美的鉴赏力大大提高了，教师的一片爱心也就巧妙地寓于其中了。

3．行动感召法

行动感召法即教师以自己的行动表明自己对学生的爱，使他们受到感召。一位全校人人都知晓的差生，新接班的班主任在开学第一天点名时，他就以一种挑衅的眼睛瞪着班主任。但当班主任宣布值日生名单，再次点到了他的名字时，他猛地张大了嘴，睁大了眼睛，但不是挑衅的目光，却是迷惑的眼神，接着不好意思地低下头来，显出一付难为情的样子。下课后，班主任找到了他，耐心地告诉他值日生的职责，勉励他把值日生的工作做好。他从教师一连串的行动中体验到了教师对他的信任和尊重，值日时特别卖劲，各方面也有较大进步。学生的眼睛敏锐，他们的心也是很敏感的，教师对他们的爱是真是假，一切都要在行动中体现出来，所以行动感召法是一种传导师爱的好方法。

4．排忧解难法

一个人碰到困难而得到帮助，身处"逆境"而得到关心，往往会在心灵里留下很深的记忆，甚至终生难忘。学生也有各式各样的困难，也有处于"逆境"的时候，此时，他们对爱的渴求更甚。如果教师不失时机地将爱无私地奉献，他们将会铭记终生。学生的"忧"和"难"多种多样，如学习上的：某一门功课上不去，或因病因事落了课和考试失误而焦急等；如思想上的：为没有评上"三好生"、没有入上团而苦恼，或因犯错误挨批评受处分而难过；如身体上的：身体有某种残疾和缺陷被人嘲笑，或因患某种慢性病而烦恼等；如生活上的：如丢失了学费和衣物，家庭有了不幸等；如人际关系上的：如经常受某同学的欺负，在同学中被孤立，为失去好朋友而伤心，在某件事上被同学误解而十分委屈。教师看准了学生中的"忧"和"难"，急学生所急，忧学生所忧，脚踏实地的为学生排忧解难，或给以思想上的开导和鼓励，或采取措施创造必要的条件具体加以解决，这都将使学生感受到师爱的温暖，以扬起他们前进的风帆。

5．曲线传导法

在某种特定的情况下，爱生之情可不直接表露，而是通过他人做曲线传导。由于某些原因，有的学生对教师一时产生了误解：或认为教师偏心、不公平；或认为教师存心和自己过不去；或因教师在同学面前揭了自己的短而心怀怨恨等，师生间在感情上暂时"断流"。教师如果直接与之对话效果不一定好。这时可以让学生中的干部、该生的好朋友或家长作为传导师爱的媒介，如在小干部会上给该生吹吹风，在该生的好朋友面前表述自己的诚意和希望，并示意作传达。家访时多谈优点和进步，使该生体会到教师的好心。这样做，往往能缓和气氛，最后消除误解，增进师生情谊。

6．主动接触法

即教师主动和学生打成一片，在和学生共同生活、共同劳动、共同娱乐中建立起感情的桥梁。

人们的感情是靠彼此熟悉、了解而建立起来的，师生间也是一样。教师只在上课时和学生见面，是难以建立感情的，只有与学生充分地接触和了解，彼此间才能互相理解而加深情感。

接触了解学生，首先要有一个正确的态度，只有放下架子以平等的态度对待他们，才可能成为"忘年之交"；其次要善于抓住学生的"兴奋点"、谈论的"热门问题"和他们感兴趣的活动，主动参与，以此作为契机传导师爱。

学生在静态下，其个性、思想和品德面貌不易表露，在动态中，特别在各种竞赛游戏和娱乐活动中，他们的才智、个性往往能较为充分地显露出来，思想感情也会自然流露出来。许多教师正是在与学生打成一片的过程中掌握第一手材料，了解最真实的信息，然后将教师的爱与期待传导给学生，收到了很好的效果，所以主动接触学生是师爱传导的最基本的方法之一。

师爱的传导并非教师的目的，而是让学生感受到师爱的温暖以使他们能更好地接受教育。只有创造传导师爱的条件，摸索传导师爱的途径和方法，应有利于教育的实施，着眼于教育的效果，研究师爱的传导才是有意义的。

师爱行为度的控制

所谓"度",即决定事物质的数量界限。师爱须有"度",无度就不能成功地达到陶冶和感化学生的教育目的。

1．师爱的含与露

师爱要表现出来,要让学生感受得到。如果把"师爱"仅限于一颗"心",而不外化为一定的态度和行为,那么"师爱"就成了一种猜不出来的"谜",即使挚爱满腔,也是一种无效的"爱"。师爱要表现在备课、上课、辅导、做思想教育工作以及一切教学活动和日常生活上。师爱要表现自然,在与学生接触交往过程中,要与学生在感情上有交流,要理解学生,不要让学生误解,表达感情时不能太含蓄,要能够达到师生在感情上的这个效果共鸣。但师爱又不能不有所"含",假如一泄无余,爱就没有了。如果像做戏一般地表现过分,那只会适得其反。

2．师爱的同与异

师爱讲究表现方式,是用正表现,还是用逆表现,这要因人而异。有的学生对正表现不相信,有的学生对逆表现反感。在一次调查问卷中,有20%左右的学生要求教师严厉,而80%左右的学生喜爱教师温和。就其总体来说,师爱应是差不多的。不论相貌丑美、品德优劣、成绩好坏、关系的亲疏,都要一视同仁地爱,都要用同样的标准、同样的态度去对待。同时,又要因具体对象的差别而有所不同,这同中之异,是为了在异中求同,为了达到和谐地感化和陶冶学生这个"同"。譬如:教师不能用同样的表情、态度和语言去处理任何一个迟到的学生,但不同的表情、态度、语言的目的却是一个:养成学生遵守规章制度的好习惯。有区别地对待具体对象,并不是随意的,要不失中肯,要不偏袒,更不能因师爱方式的不同而使某些学生忘乎所以,或使某些学生产生自卑心理。

3．爱和不爱

爱是教育中感情的出发点,贯穿整个教育过程,但对具体教育对象的具体行为、品德、态度和思想，并不能完全都"爱"，不能爱其缺点、错误和弱点，不能因某学生优点较多，就连缺点也去"爱"，而是应泾渭分明，当爱的则爱，不当爱的就不爱。因为学生通过比较才能对师爱有较深的感知，其一，让学生合理地接受多种心理体验，只接受爱的心理是不健全的；其二，让学生接受是非、善恶及美丑等方面的正确评价，形成正常的心理反映和良好的思想道德品质；其三，既然是"爱"，就不会无缘无故，教师不能对学生做的任何事都抱以弥勒佛式的微笑。应该注意：爱与不爱不能随教师个人兴趣和利益而有所选择，因为这样会出现偏爱。要爱得公正无私，又嫉恶如仇、爱憎分明，爱与不爱才能在教育过程中发挥相互补充的教育力量。

4．师爱中的天伦感情与友情

天伦感情与友情共存不悖、互不矛盾。友情要建立在天伦感情之上，不能因友情而影响天伦感情，更不能借友情营私或袒护。师生之间，友情虽有区别，但不能听其自然，要充分发展友情，扩大交往，和优等生交朋友，和差等生也交朋友，让学生体味到师爱是一种生活上坦荡无私的爱，是为了国家民族的前途命运，是为了后代的茁壮成长。这样，就能把师爱从狭隘的个人感情发展、升华为博大的社会感情，这对学生世界观的形成和远大志向的树立，都有不可估量的作用。

5．需要与不需要

师爱要爱在需要之时，不同学生对师爱的需要有着程度上的区别，一个学生在不同阶段对师爱的需要也不尽相同。学生特别需要师爱的时候主要表现在：受到挫折、遇到困难、心理孤单、承受重大心理压力等。不需要时，师爱至多是"画蛇添足"；需要时，师爱如同"雪中送炭"。可以想见，后者一定有较大的感化效果，这就要求教师明察秋毫，不失时机给予爱。

总之，师爱的露与不露、正与逆、爱与不爱、需要与不需要，都有个"度"的问题，如何把握这个"度"，就需要教师研究学生、研究自己，不但要爱得深沉，而且要爱得有道理，爱得有效果。

第二章

消除师生间障碍的方法

师爱行为四防

爱得当，是指防止爱的偏颇，让师爱正确、科学和恰当。做到这一点，要防止四种偏向。

1．偏爱

所谓偏爱，即对学生不能一视同仁，有所偏重，也有所疏漏，喜欢一部分学生，不喜欢或厌弃另一部分学生。其表现是，喜欢学习好、有特长的学生，而不喜欢学习和能力一般的学生；喜欢听话、顺从的学生，而不喜欢顽皮淘气的学生；喜欢与自己有特殊关系的学生，而不喜欢与自己关系一般的学生；等等。

产生偏爱的原因，大致有以下几种：其一，由教师个人的个性、兴趣所致。有的教师活泼开朗，一般也喜欢活泼开朗的学生；有的教师爱好体育运动，也就特别看重体育尖子生。其二，由教师的思想方法所决定。有的教师看问题方法比较绝对、片面，把某个学生看成"一枝花"，而把另外某个学生看成"豆腐渣"，从而产生偏爱和疏漏。其三，与教师工作是否有利相关。一些学生干部常为教师排忧解难，是教师的好帮手；而一些后进生却常惹是生非，给教师添麻烦，于是教师喜恶有别。其四，取决于教师的思想觉悟。有的学生家长给了教师一点好处，或教师与家长交往甚密，就对其子女厚爱和特殊关照，而对其他同样需要爱护和关照的学生却不予理会等。

不论什么原因所致，偏爱在教育上所带来的后果是严重的。一是教师失去了一部分学生的信任，丧失威信，学生对教师的离心力日益加大，致使教师很难施教；二是造成班集体的裂痕，学生被教师人为地划分为被信任的和不信任的两部分，被教师厚爱的学生和被教师冷落的学生之间互存戒心或敌意，不易形成团结友爱的集体；三是一部分不被教师信任、关心的学生，可能产生自卑或逆反心理，而被教师偏袒和赏识的学生，又极容易产生优越感，自高自大，脱离同学，个别的甚至养成逢迎教师、看教师脸色行事等不良习气，所以必须防止偏爱。

2．娇爱

娇爱采用的是娇惯的方法，或把学生"抱在怀里"培养，放在眼皮底下监护，不让其独立自主；或关在温室中育苗，不让其接触社会，接触自然，经风雨、见世面，怕苦了学生、累了学生；或对学生专讲好话，不讲缺点，不谈问题。虽然教师有一片好心，对学生真心爱护，但采用的是娇惯的方法，结果事与愿违。被娇惯了的学生大都有一种娇气：劳动上怕苦怕累，学习上害怕困难，感情脆弱，意志力差，心胸狭隘，对反面意见缺乏心理承受力。可见，娇爱是十分有害的。

3．私爱

私爱是一种掺杂着私心的"爱"。从表面看，教师也关心和照顾一些学生，但这种关心和照顾，是有条件，有个人目的的。

私爱的表现有两种：一是把学生当成自己的"私有物"，自己可以任意摆弄，不让其他教师插手管理，尤其是不能指出学生中的问题；二是与自己的私利连在一起。关心照顾个别学生，是为了得到某种好处或作为某种交换的条件。私爱在实际上已谈不上"爱"而是"害"了。一部分学生从教师的所作所为中看到了问题，表示不满，有损教师形象；一部分学生则受其影响，为了获取教师的欢心，竭力逢迎。例如：在一次元旦庆祝会上，有位教师公开表扬一个学生给他送挂历的事，结果一下子收到几十件不同的礼物，可见，这种包藏着私心的"爱"危害有多么大，必须将其纠正。

4．溺爱

所谓溺爱，就是对学生过分地宠爱。其表现是：应当严格要求的，不作严格要求，应当运用纪律、制度和各种行为规则约束的，无原则地迁就、放纵，不作要求。教师所溺爱的对象，多系高才生、有特长的学生和教师特别喜爱的学生。这些学生有某些长处和特点，加上教师看学生比较片面，只见到学生好的一面，而看不见学生另一面，因此产生溺爱的偏向。溺爱导致学生任性、自由散漫、自高自大、不守纪律和以我为中心等问题，也是很有害的。

爱要得当，应防止偏爱、娇爱、私爱和溺爱等倾向，惟有如此，才是爱得正确、爱得科学、爱得恰当。

偏爱行为及其危害

中小学教师大都由衷热爱自己的学生，他们深知热爱学生是收到最佳教育效果的前提，这一点是应当肯定的。然而学生的水平和素质是参差不齐的，总有一些成绩优秀、天资聪颖、活泼伶俐、办事得体的学生特别招人喜爱。喜爱好学生是人之常情，但是如果教师不能站在教育者的高度去控制感情，便容易对某些学生产生过分的宠爱，这就是"偏爱"。

"偏爱"实际上是由于感情上的失控而产生的认识上的偏执，有这种情感的教师往往被一些学生所迷惑，认为这些学生犹如洁白无瑕的宝玉，无可挑剔，故充分信任、百般重用，以至于放任自流，忽视了对这部分学生内心世界深层次的发掘和培育。

教师的"偏爱"情感无疑会在工作中形成许多弊端。例如：看不到"优秀生"身上的不足和缺点，处理问题发生偏差，进而被大部分学生看做"偏心眼"，教师的威信降低；对普通学生采取脱离现实的过高要求，伤害他们的自尊心和自信心；给"优秀生"自身的发展带来的恰恰是不良的学习和社会环境，使之趋向虚荣、狂妄，听不进批评，经不起失败和挫折，甚至目中无人、私心膨胀、脱离集体，在实质上构成优异学生成材道路上的障碍。

青少年学生处于成长阶段，心理和生理处于发育时期，好的品质和个性正在形成，正是需要通过教育的手段加以培育，使之向好的方向发展的时期。每个学生的身上都存在着各种各样的发展倾向，教师对学生正确的方面需要加以表扬使之向更高的层次发展；不好的方面需要及时指出，进行引导而使之步入正轨。具有偏爱心态的某些教师心目中之所以对优异的学生形成"完美无缺"的总印象，是因为夸大了这些学生身上局部性的和暂时性的优点。这种基于形而上学思维而形成的观念与情感因素相辅相成，进一步强化和加强了偏爱行为，妨碍了教师对学生身上可能不断出现的问题的关注和揭示。一些得不到教师指导和纠正的问题可能会在学生身上恶性发展，甚至进入和构成学生个性心理中不好的一面。例如，在一些被某些教师视为掌上明珠的"优秀生"中，有的考试成绩不佳便偷改卷面分数哄骗家长，有的学校表现一套，在家里表现一套，老师前一套，老师后一套，凡此种种，不胜枚举。

生活中，我们也常常发现，那些曾被教师偏爱过的学生，在离开校园之后，有的很快会把教师在他们身上倾注的心血和感情忘的一干二净，有的再和教师照面似乎跟陌生人一样，这种情况的出现与当初的偏爱密不可分，正如那些受父母娇宠过甚的孩子往往并不懂得心爱他们的父母一样。这些学生如果到大学阶段继续享受"偏爱"待遇，也许会把国家和人民的利益与社会对他们的期望丢到脑后，只留下一己之私了。遗憾的是，一些教师在深切感受到了"偏爱"的效应后，在以后的工作中依然继续"偏爱"他们面前的"得意门生"。总而言之，无论就某一个教师一生的教学生涯，还是就大多数教师的现实的教学实践来看，"偏爱"现象都是难以避免和普遍存在的，它给教学带来许多消极的影响，而又容易为我们所忽视。

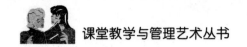

影响师生感情沟通的十个因素

现代教育要求教师不仅要教书，更要育人。要育人，必须先了解学生，而了解学生的前提是缩短教师与学生之间的感情距离，做学生的知心朋友，行为科学称之为"感情沟通"。师生之间的感情沟通，教师是主要方面，起主导作用。金锋老师在实际工作中，归纳出十个影响师生之间的感情沟通的因素。

1．跟学生接触少

师生之间的感情是在不断的接触中建立和发展起来的。师生要经常接触、互通信息，才能互相了解、建立友情。魏书生老师正是在与学生长期接触过程中摸索和创造了许多深受学生欢迎的教育方法。一个作家，如果不经常深入生活是写不出好作品的；一个教师，如果只知关在办公室里研究教材，不经常跟学生接触，也是不能教好学生的。

2．对学生缺少热情

在师生交往中，教师热情，才能使学生愿意接近，学生才肯讲心里话。在开展的"你喜欢怎样的教师"的调查中，大部分学生表示："希望我们的教师是有感情的。"学生对态度冷淡、语言生硬的教师常常是敬而远之的。

3．做事不认真

在学生心目中，教师是个做事严谨、办事认真、讲究实效、一丝不苟的人。如果教师做事不认真、丢三落四、马马虎虎、光说不做、有始无终，就会失去学生的信任。久而久之，学生会有令不行、有禁不止，和教师疏远。

4．缺乏兴趣爱好

由于年龄特点，初中学生爱说爱笑、活泼好动，富于幻想，兴趣爱好广泛。教师要适应学生的特点，多和学生一起参加活动，培养自己对一些活动的兴趣和爱好，发挥自己的专长，这样才能结识和了解更多的学生，和更多的学生建立友情。

5．偏爱

在学生心目中，教师应该一碗水端平，公正无私。如果学生发现教师只偏爱少数学生，就会产生抵触情绪，跟教师疏远。教师要有博大的胸怀，视每个学生为自己的朋友。

6．不善将人心比己心

有些教师为不能理解学生而苦恼。其实，每个教师都是从学生时代过来的，只要多回忆一下自己学生时代的心情，以此体会学生的心情，就不难理解学生。美国企业家玛丽·凯在谈人才管理的经验时说，她们的企业奉为金科玉律的是：我们愿意别人怎样对我们，我们也要那样去对待别人。

7．讲话不注意

学生的自尊心很强，对教师处理问题的态度很敏感，如果教师讲话不注意，就会挫伤学生的自尊心。有的教师听到反映的一些情况后，就匆匆忙忙下结论。由于未经调查研究，与事实有出入，学生难以接受，于是就会对教师不满。因此，教师讲话要分地点场合，掌握好尺度分寸，应经过调查研究，周密思考后再讲。

8．不能宽宏大量

师生之间难免发生误解，出现矛盾。这要看教师能不能正确对待，有无胸怀。如果不能宽宏大量，结果只能降低自己的威信，影响师生的感情。

9．对学生关心体贴不够

由于不成熟，学生往往依赖性强，思想情绪波动大，遇到问题非常需要别人的同情、理解和帮助，尤其是需要教师的同情、理解和帮助。如果教师能够在思想、学习、工作和生活上多关心体贴学生，就会促进师生之间的感情沟通。

10．为人不实在

在学生心目中，教师应该言行一致、表里如一、光明磊落、刚直不阿。鲁迅、徐特立、陶行之等老一辈教育家就是如此。

师生课堂情绪的类型

课堂教学是教师和学生之间的信息交流，其中既有认知的信息，也有情绪情感的信息。教师和学生在课堂教学中的情绪体验极大地影响着课堂教学效果。良好的情绪体验有助于开启智慧的大门，是知识传递的催化剂；不良的情感状态则会关闭求知的心扉，成为教学活动的障碍。人的情绪可以相互传递，有很强的感染力。教师讲课的情绪可以感染学生，学生上课的情绪反应也会影响教师。在课堂教学中，教师与学生的情绪交流构成了师生的情绪生活，形成一定的课堂气氛。不同的课堂气氛导致不同的教学效果。据调查，目前中小学课堂教学中师生的情绪生活主要有以下几种类型。

1．依恋型

这种类型的课堂气氛亲切热烈，教师的讲授不仅富有启发性，而且充满激情。学生在教师的启发诱导下思维活跃、思路敏捷，课堂反应强烈。学生的求知欲得到了满足，享受着学习成功的喜悦，学习热情高涨。学生的这一情绪表现反馈给教师，教师讲课的热情会进一步强化。教师教得舒畅，学生学得愉快。在这种课堂气氛中，教学效率最高，教学效果最佳。像这样的课，学生往往存在较强烈的盼望心理和依恋之情。

2．融洽型

教师上课精神饱满，教学中注意贯彻启发性原则，教学方法比较灵活，教学活动安排得当，学生在课堂上注意力集中，能围绕教师提出的问题思维，学得主动，情绪积极而稳定。师生心情愉快、配合默契，课堂气氛和谐融洽，在教师的引导下学生能顺利完成学习任务。这种课堂气氛中的教学效果较好。

3．淡漠型

这种类型的课堂气氛平淡，教师缺乏教学热情，教学方法呆板，缺乏吸引力，不注意教学的启发性，不善于调动学生学习的积极性。学生缺乏学习热情，情绪冷漠，态度木然，师生之间的情绪交流笼罩在一种沉闷的气氛之中。在这种课堂气氛中，学生的认知因素没有被很好地调动起来，情绪对认知活动的促进作用很不明显，学生只能勉强完成学习任务，这种课堂教学的效果不佳。

4．厌烦型

这种类型的教学气氛很不融洽，教师呈现一种明显的厌烦情绪，上课完全是为了应付教学任务。他们对学生的课堂反应不满，经常训斥和批评学生。学生心情紧张、顾虑重重、思维迟缓，感受到一种压抑，注意力涣散，对学习失去信心。教学活动给他们带来的不是学习成功的喜悦，而是苦恼和失望。这种消极的悲观情绪反馈给教师，加剧了教师的不悦和厌烦情绪。师生之间这种消极情绪的恶性循环，使课堂气氛处在压抑状态之中，教师教学没劲，学生学习烦躁。在这种课堂气氛中，教学效率很低，教学效果很差，久而久之，学生便产生对该学科的厌学情绪。

心理学家认为，人的认知活动号隋绪是密不可分的。人们在从事某种活动时总是伴随着一定的情绪体验，这种情绪体验极大地影响着活动的效率，因此我们有必要分析和探讨影响课堂教学中师生情绪的因素。

师生教学关系调适

不同师生人际关系类型的存在，主要是由师生的不同素质决定的，此外，还受到某些历史文化和社会风气的影响。社会心理学的研究成果表明，要形成良好的人际关系，必须具备四个基本条件：要求的一致或相辅；个性的相似或相容；行为目标的一致或相近；合理的交往形式和方法。因此，安徽师范大学吴玲老师认为，教学过程中师生人际关系的优化和调适必须从以下几个方面进行。

1．提高认识，全面科学地把握教学过程中师生人际关系的特点

首先，学校管理人员尤其是教学管理工作者应当用生动的事例大量宣传建立良好的师生人际关系的必要性，使广大师生自觉为建立良好的师生关系而努力。其次，要引导师生，尤其是教师把握教学过程中师生人际关系的特点。不但要使教师明确其在师生人际关系中居主导地位，并能珍惜和利用这种有利地位促进教学工作，还要使教师认识到，由于师生各自角色、职责、地位及成熟度的不同，教学过程中的师生关系也可能产生某些"冲突"。这种冲突可能是认知方面的，也可能是情感方面的。认知方面可以通过教学中的说理加以解决，情感方面则主要取决于教师自身言行号情感的调适。为了建立良好的师生关系，教师要认识到自身的神圣使命，了解、关心和爱护学生。这是学生信任、尊敬教师的基础。

2．根据师生人际交往的规律，努力创建形成良好师生人际关系的条件

社会心理学的研究证明，人际交往的水平——广度和深度，不仅受到双方的态度、素质的影响，还受到交往的时空和信息因素的制约。因此，学校管理者要努力帮助师生克服上述障碍，为良好师生关系的形成创造条件，促使师生人际关系的良性循环。

3．帮助师生，尤其是教师把握改善师生人际关系的技巧，全面提高师生尤其是教师的素质是改善师生人际关系的核心和基础

教师要有优秀的教学品德。苏霍姆林斯基说："世界上没有比当医生和教师更富有人道主义色彩的职业了。"长期以来，人们常常以为师生人际关系、教学效果主要是由教师的知识与智力水平决定的，但有关研究结果表明，教师的知识和智力与教学效果关系微弱。教学工作确实需要以一定水平的知识智力为前提，但一旦达到或超出这一水平，它们对教学效果就不再产生明显影响，而教学品德则成为影响教学效果的主要因素。教师的教学品德概括起来主要有教育与爱、理解与同情、真诚关怀与自我控制。教学品德是教师教学行为的动力之一，对教学行为起着导向作用。学校管理者应加强教师职业道德的教育和熏陶，努力使每一个教师具备优秀的教学品德。

教师还应当具备良好的教学行为技能。教学行为技能可以分为言语交往技能和非言语交往技能。言语交往是进行教学工作的基本方式，无论是进行知识传授还是进行情感交流，都要依靠言语。教师不同类型的教学言语极大地制约着课堂气氛，影响着教学过程中的人际关系。事实上，教学过程中的人际关系与教学言语是相互制约的，教师的教学言语不仅要简洁、清晰、真实，还要生动、形象、真诚、富有激情。良好的言语交往能力是教师职业的基本要求。

非言语交往在教学和师生人际交往中也占有重要地位，它具有言语交往不可替代的功能。近些年来，非言语交往在教学中的地位受到重视，国外有不少人已经开始致力于"教学举止神态学"的研究。非言语交往主要表现在教师的面部表情和动作上。教师要意识到自己的一言一行都在产生"信息"，认识到这些信息对师生关系及整个教学效果的重要影响，从而自觉地对自身言行进行优化调控，以保证教学目标的顺利实现。

课堂人际关系的调控方法

1．全力上好最初几节课，给学生以良好深刻的第一印象

人们常说："先入为主"，我们对人的第一印象往往最为深刻，而且这一印象对以后的人际关系也会起着指导性作用。比如，一个教师刚开始对学生很严肃，后来对学生和蔼一些，可学生还是认为这个教师严肃。教师在教学中，难免有读错字、说错话的情况，这种情况如果发生在第一印象形成之后，就会被认为是偶然的。可是，如果发生在最初几节课，特别是第一节课，就可能会被学生认为教学能力差。

2．发挥特长，表现特色，创造良好的晕轮效应

什么叫晕轮效应？在人际知觉时，人们常从对方所具有的某个特征而泛化到其他一系列有关特征，也就是从所知觉的特征泛化推及到未知觉到的特征，从而形成较为完整的印象。晕轮效应，在我们的教学实践中会经常碰到，影响着学生对教师的知觉和评价，当然也会影响教师对学生的知觉和评价。例如：一个教师的字写得很差，学生就会认为这个教师知识水平和教学能力不高，而一个教师的某一项业余爱好，如拉琴、打球或说唱等，都会被认为是有才华的表现而被学生所尊重。

所以，教师要发挥自己的专长，充分表现自己的特色，给学生造成好的"晕轮效应"，让学生觉得教师是有水平、有知识、有能力的。有的教师长于朗诵，就可多进行一些范读，让学生体验课文的感情；有的教师长于写作，就可多写些作文，让学生明白作文的技巧和道理；有业余爱好和专长的教师，不妨在课外活动中表现出来，这些都有利于学生对教师的整体评价。

3．在个性上与学生的个性既要互补又要相似，相似与互补相结合

一般说来，个性倾向和个性特点是建立亲密的人际关系的前提和条件。而按照传统观念，教师应该严肃、庄重、不苟言笑，强调教师的个性特点

和个性倾向与学生的距离，固然会有"师道尊严"，但不利于学生与教师的亲近。过于一致，有失教师的特点，而完全像学生一样，又起不到教师的指导和教育作用。所以，教师的个性倾向和个性特点与学生既要有些相近，又要有些距离，以形成互补。教师思想丰富深刻以补学生的幼稚；学生的天真热情以补教师的严谨刻板。这样，学生会觉得自己的教师既可亲近又可敬佩。

4．采取灵活多样的教学形式，多一些双向活动，少一些单向的知识灌输

课堂人际关系的形成主要是在课堂，学生就是在课堂上认识教师的。课堂教学形式和效果直接影响到课堂人际关系的形成。在课堂活跃、双向沟通的情况下，师生都会感到心情舒畅，学生会感到自己与教师平等。平等的感觉是亲密、良好的人际关系形成的基础，而满堂灌、单一的教学形式和生硬的教学方法，会使学生感到压抑，心情不舒畅，学习成了被动的接受，而不是积极的探取，使课堂的人际关系成了一种应付的关系，需要靠外在的力量来约束和调节，缺乏内在的基础。

5．充分发挥非语言，也就是人体语言的作用

据有关研究资料表明，言语只表达了我们思想的最少一部分，大约占30％～50％，而其他的思想则要靠表情、声调或手势等人体语言来表达。在人际交往中，人体语言有着更加重要的作用：①表达言语难表达的意思；②对言语的意思进行补充；③规定言语意思的方向。

最后要说明的是，学生与学生的人际关系也属于课堂人际关系，且对教育效果有不容忽视的作用。但限于篇幅，笔者在此省略而不论了。

师生现实关系中的偏态及调整

师生关系是存在于学校这一社会组织中的一种社会关系。目前，尊师爱生的师生关系虽然是主流，但调查表明尚存有一些问题。

第一，师生关系尚靠教学这一轴心维系着，不少师生间缺乏真挚的情感交流。一些教师对学生情感冷漠、态度生硬，一些学生对教师敬而远之、不露真情。

第二，部分教师家长式作风甚浓，对后进生以罚代教、训斥责备，导致学生的逆反心理日趋加重。

第三，不少教师缺乏对青少年学生心理特征的分析研究，不少学生也不理解教师的劳动价值，造成师生间的隔阂。

第四，个别师生之间搞无原则的互相利用，进行违背教育原则的私人拉拢，使师生关系商品化，等等。

上述问题的存在，影响了教师教育主导作用的发挥和学生的健康成长，使不少学生逐渐产生对教师、学校的"离心力"，少数学生甚至会走上违法犯罪的道路。

造成上述问题的原因较多，例如，某些教师忽视师德修养和教育素质的提高。教师的职业是高尚的职业，然而有些教师根本不爱教师这一职业，所以也不爱学生，不能严于律己；有些教师不注重自身业务素质的提高，造成师生间的严重对立；有些教师则追求金钱和物质好处，把正常的师生关系视为金钱关系和物质关系，严重地破坏了教师的声誉和正常的师生关系的确立，给教育工作带来了危害。

要解决师生关系中出现的问题，建立和发展尊师爱生的良好师生关系，

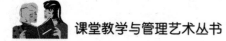

教师必须着重解决好以下三个问题。

1．加强师德教育

要使广大教师认清自己从事的职业是一种高尚的职业，去爱自己的事业、爱自己的学生。赞可夫说："教师必不可少的，甚至几乎是主要的品质，就是热爱儿童。"众所周知，形成尊师爱生的师生关系，教师同样起着主动作用，只有教师从"爱生"做起，才会有学生的"尊师"。

2．教师要树立新的学生观

教师应该认识到，自己在时代感上落后于学生（整体），要努力改革教学内容和方法，摆脱陈腐的教育思想的束缚，以适应时代的要求，认真研究新时期学生的特点，调整自己的工作，明确在新条件下、在新特点面前，自己应如何为建立正常的师生关系而努力。

3．教师必须具有新的素质

这是建立新型师生关系的根本条件，它包括以下几点。

第一，品质和才能方面的影响力，在非权力影响力中占主导地位。爱因斯坦说："学生对教师的尊敬的唯一源泉在于教师的德与才。"教师师德高尚，就能赢得学生的信任和崇敬。除师德外，对学生的影响力还看他的才能。一个观察能力、应变能力、组织表达能力和领导能力强的教师，能够对学生施以有效的影响，使之养成强有力的自治能力。

第二，知识因素的影响力。社会发展进入信息时代，学生课外摄入的知识量远远超出课堂，教师若没有足够的知识水平，将难以驾驭学生。教育知识渊博、业余爱好广泛、处理信息的能力很强的教师，就会受学生的欢迎和信赖。

第三，感情因素的影响。人的基本需要之一是尊重的需要，教师必须坚持以情感人、循循善诱，在师生间架起感情的桥梁。

随着改革开放政策的实施和教育改革的发展，尊师爱生的师生关系正在朝着"良师益友"的方向发展，这是新时期培养人才的客观要求。从当前学生的特点来看，他们渴望获得各种信息，不满足于课本知识；他们有扩大交际的强烈愿望，希望结交包括教师在内的众多的知心朋友；他们希望开拓美的生活，由外在美向外在美与内在美统一的方向发展；他们注重实效，反对形式主义，讨厌空谈，拥护实干家。这样的学生，没有良师的教育引导显然是不行的。

师生矛盾关系及原因

矛盾法则贯穿于教育过程，实质上是说主体间的交互作用，为这一过程发展的基本动力。在过程之始，目的是教师的主观规定，即把知识传授、能力培养、品质形成和个性完善作为一个整体结合起来，激起和促进学生的发展，任何目的必须通过效果来实现。对整个行为过程而言，学生的主体性主要体现在目的与中介（手段）的尽可能科学和完美的结合上，显示效果的只是学生的实现程度，也就是在发展过程中能动本质的发挥程度。所以，教育过程主体间的交互作用是过程的动力。

交互作用的具体机制包括以下方面。

第一，学生（实现主体）的复杂本质要求教师（实施主体）具有相应的知识和技能、较高的思想品德境界、健全的个性；学生的身心发展规律对教师的行为起制约作用。

第二，教师通过能动的创造性活动，认识和掌握学生的内在本质和固定的规律，把各种随机变量作为参数进行整体调节，促进目的实现。

这一主要矛盾是由以下几对矛盾构成的。

第一，知与不知、能与不能的矛盾。交互作用使学生由不知到知、由知之较少到知之较多的过程的完成，由不能到能、由指导的能到独立的能发展的完成。

第二，自在、潜在能力与自为、显现能力的矛盾。教师为使学生自在能力自为化和潜在能力显现化，必须通过一定的活动和交往来激起和促进。

第三，社会容纳的道德规范与学生现有的品质结构的矛盾。为了使其品质结构社会化，教师必须通过周期性、连续性、长期性的复杂过程与学生互动。

苏联学者克拉索维茨基在 20 世纪 70 年代末，调查过约千名九至十年级的学生，其中有这样一些问题：

"当你在生活中碰到困难，需要合理的建议和适当的同情时，你会去找老师吗？为什么？"

"当你们班集体准备去旅行、去森林、去散步时，你们愿意邀请老师去吗？为什么？"

调查表明，儿童的年级越高，教师的社会威望越低。在数据的统计分析中发现，教师的威望在小学高年级阶段已开始逐渐下降，在少年期则急剧下降，到中学高年级阶段也观察到这个过程的继续发展。有许多儿童不愿和教师在一起，他们的理由是跟教师缺乏接触，对教师不够信赖，个别学生担心教师不理解他们，有些学生发现教师对他们的精神生活漠不关心。

当代学校中师生关系的矛盾和冲突集中地反映在教师对儿童的社会评价标准上。不少教师对学生的社会评价标准主要有三个方面：学习成绩、纪律和仪表。而急剧变革的宏观社会环境中的社会思潮、价值观念和行为方式不断影响着青少年的社会评价标准，青少年不断扩大着评价个性特征的价值范围和取向。教师的标准有时比学生的标准更为狭隘、更有局限性。而一些教师一旦从儿童身上发现了与自己原有的价值观念和思维方式不符的观念、情绪和行为时，就往往运用自己的权威同化和规范，这样教师与正在成长发展的对未来充满憧憬的年轻一代便发生了冲突。

在现代学校的师生关系中，教师面临着一种困难。一方面，不少教师感叹："现在的孩子越来越难教。"另一方面，在学生的心目中，教师的社会形象越来越模糊、疏远，师生之间的交往鸿沟在扩大。人们深刻意识到，一旦教师动摇了对青少年儿童的教育信念，就有可能丧失对社会变革和创新的敏感，以及对明天和未来的社会理想。而青少年儿童一旦丧失了对教师的信赖和理解，又必然导致对历史传统、社会文化规范的疑虑和冷漠。更令人不安的是，师生交往障碍和师生关系的鸿沟，蕴含着人类世代交替中年长一代与年轻一代、历史与未来、继承与革新的巨大冲突。当代学校中青少年儿童漠视传统文化、历史虚无主义和反社会行为都尖锐地提醒人们，要十分重视班级的社会关系结构的重要支柱——师生关系的研究。

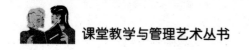

师生交往的态度冲突及克服

教师要对学生进行定向的影响，就要使课堂教学过程合理、有逻辑性。但由于现行教材中的部分内容陈旧、枯燥、烦琐、脱离实际，应该记住的基本知识和不需要长期记忆的辅助性，解释性的教参材料之间没有准确界限，重于死记现成知识以应付考试等种种缺陷，引起了学生对学习的消极隋绪，使得教师的教学效果不佳甚至失败。台州学院陈枚老师研究指出，教师不会运用教学中的情感因素，或缺乏教学艺术，不善于激发学生的学习愿望和好学精神，就不可能把自己的教学目标变为学生追求的目标，其为实现目标的手段就只有凭借权力，由此产生的师生交往态度的冲突也会在三个层面上展开。

1．个性层面

有的教师滥用权威，对学生态度不佳，甚至还体罚学生。

2．角色层面

教师可以运用传统教育理论和经验，总结一整套对教学进行严格控制的教育策略，如分数、奖励、惩罚、升留级和毕业肄业制度等。总的来讲，教师可以凭借自己的角色地位，从学生外部施加压力。从外部增加适当的压力，虽然在教育理论上是无可非议的，对于尚未确立自觉学习态度的学生来说还是必要的，但这不是最优的态度和策略。外部力量可以强迫学生完成教师规定的学习任务，却不能激发学生的学习兴趣和热情，它会使学生的主动学习动机为被动的学习动机所代替。

3．群体层面

许多学校在教育法令许可的范围之外制定一些违背教学规律的管理

制度，如为提高升学率而随意改变教学计划，减少或取消学生的节假日和课外活动，加大学生的作业量，制定有损学生健康成长的作息和奖惩制度，并强令学生执行。教师对学生的权力主义态度，在师生交往三个层面中产生的态度冲突，可能表现为学生的顺从，也可能发展为激烈的对抗。不管何种，其后果都是消极的。

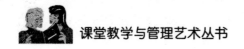

师生交往的认知冲突及克服

1. 师生相互认识的内容和过程

师生的相互认识即自我认知、对对方的认知和相互关系的认知（或叫师生人际认知）。在其子系统中又有感知、解释（或称理解）和评价三个方面。因此，师生相互认知过程的机制相当复杂，可以大体做如下描述。

第一，实际存在的教师或学生的个体，以其外貌、言语和表情发出反映自我的信息。这是教师或学生客观存在的本来形象，可用 A 表示。

第二，教师或学生自身通过对自己发出的那些社会信息的感知、解释和评价，形成对自己的知觉，即"我观""自我印象""自我感觉"和"自我意识"等。自己对自己虽然是熟悉的，但作为观察者的自我和被观察者的自我（即 I 和 me）因存在主体与客体的区别，所以"我观"中的自我形象（可用 A1 表示）与客观实在的自我形象（即 A）会有脱节。

第三，师生双方都对对方发出自我暴露的信息进行感知、观察，并做解释、判断和评价，于是形成了对对方的印象，这个印象可用 A2 表示。

所谓的听其言、观其行、知其人，这个"人"就是对方在自己头脑中的形象，即 A2。A2 所代表的形象，不仅受 A 这个对象发出的信息制约，还受情境及观察主体的经验、认识结构、态度和评判能力等主观因素制约。因此，A2 和 A1 虽然都是 A 的主观形象，但因为 A2 是在对方头脑中的形象，A1 是在自身头脑中的形象，所以两者也常有脱节。

第四，教师和学生互相猜测对方对自己的认识和评价，研究着对方把自己看成什么样的人，即想象 A2 是什么样的，这时产生的形象可用 A3 表示。它与 A2 可能有脱节，与 A1、A 也不会完全一致。与此同时，双方还会评价对方对自己的看法，进而调整对对方的认识。

师生在上述相互认识的过程中，逐渐形成的师生人际关系的认识，也影响着他们相互交往的协调和矛盾的产生。一般说来，这一过程中存在的 A、A1、A2、A3 四个形象如果不同，交往矛盾就容易发生。当然也不否定，师生相互认识与实际一致，上述四个形象不那么脱节时，师生交往矛盾也可能出现。不过，这种情况不多。在正常情况下，师生的相互认识或多或少存在脱节。这种相互认知脱节，或由此脱节产生的交往矛盾，也会在三个交往层面上展开。

2．在个性交往层面上的相互认知脱节

在个性交往层面上，师生双方都喜欢或厌恶对方的某些特点。例如，中学生喜欢的教师特点为：有理解力、耐心温和、公平、开朗、不感情用事、热心负责、不缺课、学识广、上课生动有趣活泼、教学方好、守信用、讲民主、人格高尚等。他们所厌恶的教师品质是：情绪不安、要求苛刻、不够耐心、没有同情心、讨厌学生、态度拘谨、不易接近、不公平、缺乏知识修养、教学方法不好等。

如果学生知觉到教师有他所喜欢的特点，师生交往必定融洽；如果学生知觉到教师有他所厌恶的品质，师生交往容易发生矛盾。但是由于多种原因，学生对教师特点的知觉、理解、判断、评价，往往不是教师实际的品质。这首先是因为教师本人不善于或不能正确表现自己的特点，如教师虽有渊博知识但口才不好，教师虽然内心热爱学生，但恨铁不成钢因而缺乏耐心，学生因此认为教师知识浅薄，对学生不热情。其次是因为学生缺乏解释能力，对所发生的现象推断或归因错误，把自己的基础差或不努力所造成的考试失败，归因于教师教法不好；或认为教师态度不好就是教学不好。最后是因为人际知觉效应，学生产生对教师的不良印象和偏见。例如，教师在与学生初次见面时留下不良印象，或因学生从各种渠道获得关于教师的不良印象，就以此从消极方面评价教师的后来行为和其他品质。这些因素造成的学生对教师特点的不准确认识，必然妨碍师生亲密关系的建立。如果学生在个性上对教师采取积极评价的态度，他们与教师交往的矛盾也就少些。

从心理学理论分析，学生对教师的满意度虽终将取决于教师的真实品质，但它直接取决于学生对教师的主观印象（即前述四个形象中的

A2）。据此，我们应该指导学生消除对教师的不良印象，对教师进行积极评价，使全体教师都受到学生的好评和欢迎，减少师生的矛盾和冲突。当然，根本的办法还是提高师生的素质。

教师的个性特征能否准确知觉、理解和评价学生也有极大关系。如果学生学习效果不好，严于律己的教师往往归因于自己教学的缺陷，因此不会轻视后进生；自负的教师往往片面地归因于学生自身，从而轻视后进生。一般来说，多数教师常过高估计优等生，过低评价后进生，因此与后进生的矛盾冲突会多些。教师也会受人际知觉的心理效应影响，对学生形成固定印象和偏见，出现以貌取人、以点盖面等知觉错误。

3．在角色交往层面上相互认知的障碍

社会心理学认为，社会知觉对他人印象的形成，其信息来源有三方面：被知觉者的特性、情境和知觉者的主观状态。这三方面中都有角色因素存在，因此师生相互认知的障碍和由此引起的交往矛盾可在角色交往层面中表现出来。

例如，当学生知觉教师时，教师处在被知觉者的地位。由于被知觉者的教师自己意识到了自己的教师角色作用，在学生面前会竭力表现出标准教师的行为和方式，其往往用"以身作则"四字作为自己的行为规范。学生（包括幼儿园的幼儿在内）观察教师时，借助课堂教学情境，对教师的角色身份十分清楚，因此教师的角色身份本身也就成了学生对教师形成特殊印象的信息来源。学生对自己的角色身份也非常明白，他总以学生身份知觉、评价教师，对教师的期望特别高，要求特别苛刻。这也影响学生对教师的准确形象的形成，使师生的交往潜伏着冲突的危机。

4．如何克服师生相互认知的脱节

为了消除师生相互知觉的不准确性，可采取以下四种办法。

第一，创造师生相互接近的情境，使师生都能多方面地在不同时间和不同环境中向对方发出自身特点的信息。这样双方才有机会捕捉反映对方本来面貌的信息，而排除仅表现偶然性的信息，因为反映一个人的本质特征的信息是常在的，非本质特征是不常在的。

第二，给师生提供互相评价的机会。主要是教师主动征求学生对自己的意见，因为教师对学生的评价次数历来不是太少，而是太多。教师对学生做了评价后，最好通过学生日记等反馈信息了解学生的反应并随时改变不恰当的评价。这种通过相互评价然后做出的对对方的评价，是使前述中的 A、A1、A2、A3 四个形象统一的好办法。

第三，提倡教师尊重学生、理解学生。当学生有某一不佳表现时，教师应先往好的一面想一想，再做出评价，切勿一遇学生犯错误就从消极面评价。

第四，师生在心理上互换位置进行思考。对学生可以出一道"假如我是老师"的题目，也可以让学生当一当教师，让教师当一当学生，这样可以相互听到对方的要求，也可以相互体会到对方的心理，使师生相互的知觉形象更切合实际。

师生交往的规范冲突及克服

师生相互影响的交往冲突，有许多来自学生方面。学生生活在特定的家庭和群体中，这些家庭和群体的一些不成文的规定会影响学生对教师的行为。从一般情况看，每个学生都是学生群体的一员，学生群体的规范有许多与校规或教师的群体规范有矛盾。此时，由于有群体心理压力的存在，学生往往拒绝教师为他们制定的规范。

师生交往的目标冲突及克服

　　教学理论的一条基本原理是，教学过程是师生的双边活动过程。师生双方在课堂中进行活动的积极性及其方向的协调一致是教学活动有效的前提。师生的积极性主要受各自内在动机的驱使，而这个内在动机又是在师生各自满足需要的目标作用下产生的。因此，师生课堂中的需求和目标的协调一致是双方积极性趋向同一方向的条件。如果某时某刻，双方的需求和目标不一致或不协调，那么师生相互影响的冲突情境便不可避免地出现。因为这样的冲突有其深刻的心理学上的根源，所以师生在教学过程中的目标冲突是时刻都存在的。台州学院陈枚教师研究指出，这种冲突在师生交往的个性层面、角色层面和群体层面都会发生。

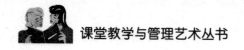

个性层面的目标冲突

不论是教师还是学生，在追求教和学的目标方面都有个性差异。有的教师和学生追求高目标，而且有特别强的责任心和义务感。这类教师对学生要求过高，甚至认为学生考试分数达不到 90 分就是差生；这类学生则要求门门优秀或超前学习。也有教师或学生追求的目标很低，他们得过且过、混混日子。这类教师对学生没有一定的要求，考试前暗示试题，让学生过关；这类学生提出"60 分万岁"的口号，只要得到一纸文凭就心满意足。师生在教学目标上的这些个性差异，必然要导致师生交往的冲突。其中，追求高目标的教师与追求低目标的学生之间的冲突会特别强烈。

在当前的现实条件下，教师较普遍地对学生提出过高的目标和过急的要求，这种情况是在片面追求升学率的社会情况中突出的。片面追求升学率，行政部门的许多措施，如统考、排升学名次，使教师的职业比别的职业更易受到公众的检查。责任心、荣誉心和事业心强的教师，把增加了的心理压力自然地传递给学生。这显然是出于教师的好心，但也往往使得教师对学生的期望和压力超过了学生（特别是个性发展水平较低的学生）的实际接受能力和承受能力，引起学生对教师提出的不合理要求和规定的反感，甚至是造反。学生反对教师，如果确系教师不顾学生个性差异，强制地、一律地要求学生争高分，那是合乎规律的。在正常情况下，学生学习成绩是呈常态分布的，即两头少中间多，教师了解这种状态，就会减少师生交往的目标冲突。

2. 角色层面的目标冲突

在符合规律的正常教学秩序下，教师的教育目标是由他的角色地位确定的。教师的角色负有贯彻国家的教育方针、培养目标和执行教学计划、教学大纲和教科书的任务，教师向学生提出的教育目标首先来自政府部门规定的有关文件。因此，教师所要实现的教育目标反映着社会对学生的要求和学生的长远利益。然而学生的角色定位使他们不一定能理解或在感情上、行动上接受国家文件中规定的由教师提出的教育目标。他们在某时某刻想要完成的某一件事或某一行动，往往是由他们此刻的需要和兴趣决定的，而学生的这些事或行动常常要与教师拟定的目标背道而驰。学生是学习的主体，当他选择了与教师要求不一致的目标后，他可以去实现自己确定的目标，而设法摆脱教师此刻对他的教育影响。但教师的角色地位使他有权制止他们自行选取的目标活动，并强迫学生接受教师的教育目标。此时，学生由于其角色地位的限制，不得不放弃自己的目标。不过，他虽然被迫停止了自己的目标活动，但他感到学习是一种苦差事，他们的认识活动不是被内在积极的动机所支配，因而是极端形式主义的。这时的师生交往的目标冲突就是学生不想接受教育，而教师又不能将这个过程抹去。这个目标冲突的实质是社会全局的需要和学生个人需要的矛盾，产生这种矛盾的主要原因是师生双方在此时此刻的需要体系和价值观上的差别。

3．群体层面的目标冲突

师生相互影响的目标冲突也会在群体层面上发生。教师的教育不仅来自个人的个性特点和国家教育文件，还来自学校群体的奋斗目标。许多学校都有升学率指标、升留级指标、作业量指标和考试成绩及竞赛名次的指标。这些指标，使得教师作为学校集体的一员不得不为之努力奋斗，但是学校群体是否都能接受教师群体提出的目标呢？显然是不能。这样，师生的目标冲突也不得不在群体层面上展开。

师生在相互影响中出现目标冲突后，教师若不降低或改变目标，他将如何行动呢？从教育史看，有两种态度可抉择：一种是采取权力主义或专制态度；另一种是采取民主的态度。当教师自觉不自觉地在交往中采取专制态度时，师生交往就必然要发生态度冲突。

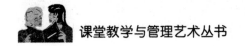

师生的心理距离

什么是师生之间的心理距离？简而言之，就是在教育教学实践中，为了共同目标的完成，师生之间关系的亲疏、远近、相容和对抗的程度，我们称为师生之间的心理距离。师生之间的亲疏、远近、相容和对抗是客观存在的，这个事实恐怕在学校工作的同志都会承认，但对造成师生之间的心理距离的原因研究得不多。湖北武汉第四十八中吕忠秀老师认为主要根源在教师，偶尔也有学生引发的，但这极少见。

在班级中，成绩好、表现好的学生经常得到老师的赞许和肯定，在教育教学的各环节中，这部分学生经常得到老师的优惠，作业精心批改、辅导耐心细致，有时还开点"小灶"进行点拨，师生感情融洽，师生的心理距离非常近，教师关心学生、学生尊重教师，师生之间可以说心心相印，这种情感无疑是对的，而且很正常。教师真正成为学生的良师益友，学生在教师的指导下茁壮成长。在教育实践中，每位教师都有几位所谓的得意门生，大概就是这样的学生。

另外一些不显眼的学生，即学习中等，表现一般，他们往往不被老师注意，甚至"遗忘"。有的教师在班上教了几年课，在街上碰到这部分学生"支支吾吾"喊不出他们的名字，这不是偶然的个别现象。这一部分学生和老师之间保持着一段心理距离，他们的成长缺少教师的个别研究和指导，呈"自然状态"，顺其自然发展。

还有一部分学生，人数不多，在教师的心中"没有位置"，究其原因，这部分学生都有这样那样的毛病或错误，得到教师较多的批评和冷落，有时因一点小事被教师白眼怒视、讽刺挖苦，甚至伴有不公道的喝斥。教师缺乏耐心，学生心理受到创伤，师生之间有一段相当大的距离。这部分学生对教师的思想教育、公益活动和作业布置等往往只听不从，或行动缓慢，或抵触不干。一旦出现这样的情况，教师很难教好一门课，班主任很难带好一个班。所以每一位教师都应该引起足够的重视，避免发生上述情况。

缩短师生心理距离的方法

如何缩短师生之间的心理距离呢？

湖北武汉四十八中吕忠秀老师认为，首先，教师要增强自我的吸引力，与学生达到心理相容和心理平衡。一个好的教师、学生喜欢的教师一定学识渊博、举止文明、通情达理、平易近人，对教育事业有执著的追求，对每一个学生充满着一片爱心。对这样的教师，学生非常欣赏并发自内心地钦佩，愿意与这样的教师接近并乐于接受其指导，这时教师的影响力比较大，其凝聚力和号召力也较强，教师的榜样作用，身教重于言教就在这里体现。

其次，要研究学生，只有认识每一个学生，才能有的放矢地做工作，缩短师生之间的心理距离。中学阶段是学生的心理、生理、身体由不成熟到成熟、由不定型到基本定型的重要转折阶段，也是在人生道路上极为重要的关键时期。这一时期，每一个学生从生理和心理、知识和智力等各个方面都有明显的发展。那么，影响发展的重要因素有哪些呢？他们心理发展的主要特点是什么？如何进行科学的教育和管理？每个学生的生理、心理、知识、智力又有哪些差异？所有这些问题无论是班主任还是任课教师都要留心研究，切忌用一把尺子衡量每一个学生，只有这样才能较好地完成教育教学任务。凡做出成绩的教师，这方面都有独到的研究并形成一定教育教学风格。

再次，要克服师生之间认知上的偏见，掌握衡量人的科学艺术。师生之间认知上的偏见是影响教师和学生心理距离的一条重要因素，教师应自觉地加以注意，努力克服先人为主、固定不变、以偏概全等思想，应多角度、多层次、全方位了解学生，尤其要克服"一切都好""学习好就是三好"等偏见，应发现每个学生的闪光点，用发展的、变化的思想观察学生，指导学生，这在教育教学实践中非常有用。当然，学生对教师的看法也有片面的，但这不是主要的问题。

最后，在教育教学实践中，缩短师生之间的心理距离行之有效的方法，就是实行师生心理沟通，只有以心换心，把学生的错误、缺点当做教师自己的错误缺点，才能设身处地地体会到学生的内心世界和基本要求。例如：个别学生经常迟到，不要轻易动辄批评，而是要问明情况，了解真相后，和他一起找克服迟到的方法，这比采取罚站、不准进教室、写检讨的效果好得多。

消除师生间心理障碍的三条措施

由于年龄、经历和所处位置等诸多差异，师生之间存在着情感爱好、审美习惯等多方面的不同，这些不同容易产生师生间的心理障碍。教师要教书育人，就必须努力消除这种障碍。

怎样才能消除师生间的心理障碍呢？张世本老师总结了以下三条措施。

1. 提倡疏导，摒弃训导

新时期的教师做学生思想工作要变训导为疏导。训导是生硬的，往往是在心理抗衡状态中进行的；疏导则是温和的，是在心理平衡状态中实施的。训导多如暴雨落地，只能打湿地表；疏导却似细雨滴物，浇根浇心；训导只能"治表"，疏导却能"治本"。

现在的青年学生不喜欢抽象枯燥的说教，对政治淡漠。教师若动辄板起面孔来训导学生，将会收获甚微，甚至事与愿违。学生一旦处于"受管束""挨训斥"的地位，就会消极地应付教师，至多只是盲目地或机械地服从，没有对班集体的主人翁责任感，更谈不上发挥自己的主动性和积极性，教师充其量只是一名"治安纠察"，那么他在教育、教学中的主导作用就会受到师生间心理障碍的遏制。

教师要摒弃训导、提倡疏导，而且疏导要注意"火候"，不要急于找还处于心理抗衡状态中的学生，强施"教育"，那就会"谈崩"了。特别要注意的是：在处理学生与自己的矛盾时，更要审慎从事，不宜搞"雷厉风行"式的简单化，一定要"冷处理"，不能为维护自己的"尊严"，急于"取胜"，把教育者降低到与被教育者的同等位置，也容易挫伤学生的自尊心。

疏导不同于训导、迁就，训导是压服的别名，迁就又是放任自流的代名词，而疏导才是思想教育工作中行之有效的方法。

2．理解学生，发展个性

现在的青年学生，尽管个性各有差异，但他们的共性是：富于幻想、勇于追求、勤于思考、敢于发问、关心祖国的前途，这正是学生思想和行为的主体。在党的开放政策的启发下，学生对世界萌发了强烈的好奇心，对未来充满了美好的憧憬。他们在探索人生，不愿重复上辈人的生活模式，渴望按自己的意愿设计自己的生活及未来的人生道路。总之，他们主观意识上的理想色彩较浓，喜欢"向前看"，常做横向比较。这与常爱做纵向比较的中老年教师容易产生"代沟"。对于"代沟"的有无，众说纷纭。笔者认为"代沟"是客观存在的，它是社会发展和历史进步在两代人之间表现出的思想认识和行事准则方面的差异。有"代沟"是好事，"代沟"愈大，表明社会发展和历史进步愈大。反之，在社会生活中，如果人们的见解和思维方式一代代地雷同，世世代代都按照同一生活模式重复人生，都沿袭相同的思维方式来解释社会现象，那么社会的进步就停止了。但现在以引用"代沟"一词为时髦，并以此来概括青年与上一辈人的差异，以偏概全，不十分妥当。事实上，许多所谓"代沟"仅仅是不同的人生阅历造成的认识上的差异，或是年龄的不同造成的情趣上的差异。有些青年学生用"代沟"一词来掩饰自己认识上的片面或滑坡趋势是不恰当的。学校生活的实践告诉我们：师生要多接触、勤对话、彼此了解、相互理解。

了解学生是为了因势利导、发展个性、使之成材。教师要尊重学生人格、发展他们的个性。在社会急需人才的今天，教师不但要尊重学生的个性，而且要宽容某些学生一些无关紧要的小缺点。"金无足赤，人无完人"，何况是青年学生，教师要做一个有心人，本着"爱而不纵，严而不死"的原则，使学生在集体生活中，既有统一意志，又让个人心情舒畅，使他们的个性得到自由发展。当然，在学生个性的发展和形成中，教师要因势利导、长善救失。

教师在班主任工作中，既要坚持原则，又要表现某种程度的"弹性"，做到"三宽"，即以宽厚的情怀，容纳学生的某些不足，创造出一个宽松的思想工作环境。这样，学生在集体生活中就有了安全感，不必谨小慎微，个性就能得到自由发展。

3．克服"偏爱"，一视同仁

爱学生，是教师职业道德的核心。不爱学生、不被学生认同的教师，不是一个好教师。但是，教师对学生的爱，是一种博大无私的爱，一视同仁，绝不是偏爱。

偏爱是教师常见的一种"职业病"，教师容易对那些表现突出、成绩优异的学生亲之信之，遇事会自觉或不自觉地失之公允。教师的偏爱还表现为处理学生之间矛盾时的偏袒，其结果只能是激化矛盾，使教师卷入学生间是非的漩涡中，不能冷静地客观分析和解决问题，失去了令人信服的裁决权。学校思想教育工作的实践证明了以下两点：愈是所谓"差生"，就愈需要得到教师的爱护和帮助；教师愈是偏爱谁，结果多半是害了谁。被偏爱的学生容易滋生盲目的优越感，会自筑与周围同学感情上的樊篱，造成自身的孤立；其他的学生又会觉得自己受到了教师的冷落，会嫉妒"受宠"的同学，进而怨恨教师，师生间的心理障碍由此形成。青年学生，生活在一个集体里，都有一种自我表现的愿望，只要引导得法，就可使之焕发出一种强烈的进取精神。例如：教师偏爱甲某，就难免忽视乃至压抑了乙某的积极性，乙某就会滋生莫名的孤独感，失去在集体生活中的安全感和温暖感，由于逆反心理的作用，可能会凝聚成对集体的反感，于是产生了和学生、教师的心理抗衡。这种抗衡，显然有害于学生的身心健康和个性发展，不利于思想教育工作。

教师要做到对学生一视同仁，还必须注意避免染上现在比较流行的"社会传染病"：看"关系""背景"，根据学生家长的地位和权势而采取对学生的亲疏、宽严等不同的态度。作为"人类灵魂的工程师"的教师，必须先净化自己的灵魂，万不能以世俗的势利眼光对待学生，这有助于优化学生成长的环境。

"爱"是心理障碍的溶解剂。"春风化雨，点滴入土"，教师要从爱护的观点出发，成为学生的良师益友，做好教书育人的工作。

做知识的富豪

每位教育工作者都想成为最受学生欢迎的老师，那么怎样才能受学生欢迎呢？先要成为一名知识功底深厚的老师，用广博的学识去征服学生。

所有的学生都喜欢和敬佩有能力、有本事的教师。教师应当精通所教的学科，了解本学科的历史和发展，以及正在进行的研究或已取得的成果。例如：教数学的就应对《九章算术》有所了解，其相当完整的分数理论比欧洲同类著作约早 1400 年，对陈景润攻克哥德巴赫猜想到吴文俊的"拓扑学大地震"也应知晓，这无论是对学生进行爱国主义教育或素质教育，还是作为一个数学老师的知识储备，都是很有必要的。苏霍姆林斯基说："教师的知识越深湛，视野越宽广，各方面的学科知识越宽厚，他就在更大程度上不仅是一名教师，而且是一名受欢迎的教育工作者。"作为一个老师，只有功底深厚，厚积而薄发，驾轻就熟，才能征服学生，并且最大限度地激发起学生对知识、对科学的浓厚兴趣，其威信才能深深地扎根于学生的心灵之中。做一个学者型的老师，不仅仅在于表现自己，其最根本的是要能推动学生学习，刻苦钻研，提高学生发现问题和解决问题的能力。教师功底深厚，学生就会把你看做"权威"，感到你那里有取之不尽的知识。这种"权威"激发的巨大效应，就能使渴求知识的学生形成坚韧不拔、百折不挠、孜孜不倦地追求和敢于创新的精神。因此，老师具有丰富的知识，要比抽象的说教和貌似威严的训斥要强得多，学生心目中的威信是学富五车的长者，而不是知识浅薄的"严师"。

来看下面这个例子：

在一次联欢会上，我和学生一起做"转盘游戏"，规则是转盘指针指向谁，谁就抽签解答签上的问题。当转盘指针指向我时，我抽出一张签，内容是：请你唱下面的乐谱，并说出它的歌曲名称。

主持人忙小声问我："老师您行吗？是不是给您换一张签？"我说："试试吧。"我定了定神，然后流利地把上面的乐谱唱了下来，并说出这首歌的名称是《义勇军进行曲》。说完教室里响起了一阵掌声，学生流露出羡慕和赞赏的目光，我感到师生间的距离缩短了。

从上述案例我们可以看出，现今中小学生独立思维能力逐步增强了，他们最不能容忍教师的无知与无能。这一点不仅体现在对于教师专业功底的要求上，而且也体现在对教师的各方面知识和素质有着较高的期待和要求上。学生不会因为你是教师便给你信任和尊敬，而是因为你确实有知识、有能力而敬佩你，信服你。他们不是盲目崇拜教师，而是经过仔细的观察和审视之后才决定一个教师有无值得尊重的资格。教师如果没有真才实学，是很难通过他们的"审查"关而被他们接纳的。

作为一名教师，要意识到自己是知识的传播者，必须以积极的态度对待知识，不断追求新知，提高自己的修养和教育能力。如果一位教师知识渊博，授课深入浅出，办事有条不紊，就能赢得学生的欢迎。这就要求教师要不断提高自学能力，通过各种渠道获取新知识。著名的教育家林崇德教授在他的《教育的智慧》一书中指出，教师必须具有以下的知识：第一，本体性知识，即精通自己所教的学科；第二，文化知识；第三，实践性知识，即教学经验的积累；第四，条件性知识，即教育学心理学知识。

面向新时代，要培养全面发展的高素质人才，更要求教师一专多能，多才多艺，不仅能传道、授业、解惑，还会启迪、开发、创新。这就需要教师认真学习教育理论，运用教育学、心理学的原则指导教学工作，并树立终身教育的观点。在教育能力上，从单一型向多面型、全能型发展，德才兼备，适应教育工作和发展形势的需要。

只有不断学习，吸收新鲜营养，教师才能以学识征服学生，为成为最受学生欢迎的教师打下良好的基础。

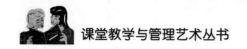

精雕教学细节

细节造就专业。好的教学细节，就是很好的教学素材。若能有意识地、创造性地开发好每一个教学细节，课程就不会枯燥无味，能焕发出新的活力，也就更易受学生欢迎。否则，良好的教育教学契机，就会在教师的经意和不经意间流失。对教育细节的关注体现出教师具有科学的思想和务实的精神。那么究竟如何雕琢教育细节呢？

一方面要关注教学行为细节。教学细节的处理，往往无法预设，这需要教师的教学机智，需要教师有一双善于发现的眼睛，能够抓住转瞬即逝的教学细节，点石成金，使细节成为教学的突破口，成为学生的兴奋点，营造精彩互动的课堂教学氛围。

有这样一个案例：

一个圆形花坛周长是 18.84 米，花坛的面积是多少平方米？

生 1（解答）：R=18.84÷3.14÷2=3（米）

S=18.84×3÷2=28.26（平方米）

师：你能说一说为什么这样解答？

生 1：（沉默，可能是预料自己错了）说不出。

生 2：求圆的面积，应该用公式 S=……这道题做错了。

师：同意生 2 说法的，请举手。

（全班举手，教师默认）

……

案例中生 1 的解法真的错了吗？圆的面积一定要用公式 S=……才能求出吗？将生 1 的解法稍进行变动，我们可以看出：这种解法完全正确。案例中的教师听了生 2 的回答后，立刻叫全班同学裁决，实际上是给学生暗示"生 1 的错误"和"生 2 的正确",并默认圆的面积只有公式 S=……的求法,忽视了学生创新精神的培养,扼杀了学生思考问题和学习的积极性。对于这种有思考价值的问题,教师不要轻易对学生的回答做出评价,而要给学生充分的时间与空间,让学生表达自己的观点,展示自己的思维过程,采用延迟性评价,既尊重学生的个性差异,也给教师一个冷静思考,妥善处理意外的时间,学生在得到教师外在肯定的同时,也学会了内在的自我肯定,很好地培养了学生的自信,也只有这样做,学生在课堂上才能肯动脑筋,敢发表自己的见解,得到发展。

我们再看这样一个案例:

> 这是一位教师教学 11 ~ 20 数的认识的教学片断。
>
> 教师把 10 张卡片发给学生。点到名的要求说出自己的数是由几个 10 和几个 1 组成。
>
> 师:11 ~ 20 最小的一个数请上来。
>
> 生 1:11 是我,我是 1 个 10 和 1 个 1 组成。
>
> 师:比 20 少 1 的数请上来。
>
> 生 2:19 是我,我是 1 个 10 和 9 个 1 组成。
>
> 11 ~ 20 的各数都站在台上,教师要求按一定的顺序排队。当教师让学生回座位上时,学生一哄而散(秩序混乱)。此时有一个学生说:"不能乱挤,要按顺序下去。"

这个案例中,或许老师没有在意学生的这句话,但是学生"意外"的一句话值得我们深思,数学的学习不仅仅是让学生认识 11 ~ 20 各数的组成和顺序,更重要的是让学生用学过的知识解决生活问题,把知识运用到实际中。如果在课堂上像该生所说的那样进行,就不仅把所学知识与实际问题联系起来了,而且让学生从小养成遵守秩序的良好品行。

另一方面要观察学生学习行为的细节。有效的课堂观察,将学生言行、神情的每个小细节加以分析,使教师能够掌握学生的学习情绪和反应,了解教学效果，及时调整教育策略，掌握教育的最佳时机，达到教育的最佳效果。一要观察参与状态，看看学生是否全体参与教学，没有学生积极参与的教学，是失败的教学；二要观察交流状态，看看课堂上是否有多边、丰富、多样的信息交流与反馈；三要观察思维状态，看看学生是否敢于发问、敢于表达，再看看这些问题与见解是否具有创造性；四要观察情绪状态，看看学生是否处于良好的情绪状态。

学生上课的状态是非常重要的，教师关注学生上课的状态，不仅是对学生学习习惯的关注，也是对学习效果的保证。从学生上课的眼神、说话的语气和动作等细节中都能观察到学生的情绪变化。

综上可知，课堂是师生共同创作的，师生在互动中共同成长。关注细节，就是关注新课程的理念是否落实到位，就是关注教师的教学行为能否根据新课程的要求重新塑造；关注细节，也是追求教学的合理化、智慧化、精确化，是教学达到一定境界后的品位和追求。精彩的教学细节不仅可以使教学过程具体、丰富而充实，而且可以使教学过程充满诗意和灵动，充满智慧和创造。精彩的教学细节会给我们以意外和惊喜，会令我们陶醉和享受。

教育的艺术就体现在敏锐地捕捉具有教育价值的细节上。如果教育过程中有更多的细节被注意、被发觉，那么教育就一定会变得更美丽、更迷人。教师要敏锐地发现学生身上显露出的教育细节，耐心地询问，静静地倾听，深入地挖掘，在细节上做文章，于细微之处见精神。这样，教育就会走进学生的内心世界，就能赢得学生的阵阵掌声。

正直使人充满希望

我们先来看一个发生在美国的故事：

> 1848 年，艾佛雷特（E. Everett）任哈佛学院院长时，校方决定招收一位名叫威廉姆斯的黑人入学，这引起了一些白人学生的强烈不满。他们到院长办公室抗议，威胁说如果校方招收这位黑人学生，他们将会退学。
>
> 对此，艾佛雷特院长静静地回答说：
>
> "如果这位黑人学生通过考试，他将会被录取。如果你们退学，那么我们将集中所有的师资力量培养他一个人。"
>
> 那位黑人后来成为哈佛校史上第一位入学的黑人学生。

这就是正直的品格！不管遭遇何种艰难，都不会退让、不可玷污。

在这个多样的社会中，很多人太早就学会了圆滑处世，学会了八面玲珑。

当然，这是没有错的，它能让我们更好地适应这个社会，更好地去和别人相处。但是，很多时候，除了八面玲珑，我们更要学会做一个正直的人。

所谓正直，不是食古不化，也不是冥顽不灵，它是我们人生的中流砥柱，也是我们道德的底线。有了这个底线，我们无论置身于怎样的环境中，无论有了怎样的经历，都不怕会走错路。

我们都知道有一个词叫做"德才兼备"，"德"是放在第一位的，其次才是"才"。如果一个人没有了道德的支撑，他就无法在社会上立足，即使他有再高的才华，也只能为人所不齿。

尤其对于教书育人的教师来说，正直更是所有"德"中的重中之重。

无德不成师，我们先看下面案例：

> 7月7日～7月9日，某中学高三（5）班同学参加了高考。不久，绝大多数学生都拿到了成绩单，只有沈某、王某、孙某三位同学没有拿到成绩单，三人找班主任周老师一打听才知道，原来，他们数学试卷高度类同，被视为舞弊试卷，他们的成绩单被县招办扣留（省招办通知的），并被处罚停考一年。

> 沈某同学跑到县招办一看，他考了526分，是高分，其中数学是104分，王某、孙某也是同样的分数，沈某同学随即找招办主任反映有关情况，要求撤销对他的处理。招办、教育局迅速派出调查组驻该校调查。调查结果是："周老师为使本班成绩'更出色'，以省'三好学生'作诱饵，唆使沈某同学在高考数学考试中帮助数学较差的王某、孙某两位同学。"周老师受记过处罚。

正直是教师道德品质重要的、基本的构成方面。教师职业的特点，教书育人的重任，都要求教师要具备良好的师德品质。案例中的周老师唆使学生作弊的行为，显然违背了这一师德要求，受到处罚理所当然。

正直的教师是一些有信念、懂原则的人。正直是一种标准，或者称作标杆、标尺。以这个标杆衡量人的行为，品格的高下，为人的优劣顿时显现。在此标杆之上，我们可以做一个堂堂正正、受人尊敬的教师，也能获取长久的成功；在此标杆以下，无论如何也显得卑琐、屑小，纵然能够得志于一时，但总归长久不了。

正直的教师富有荣誉感。他们视荣誉如生命，珍视每一个获取荣誉的机会。美国作家弗兰克·劳埃德·赖特曾经对美国建筑学院的师生发表演讲："荣誉感指的是什么呢？很简单，关于砖头的荣誉就是一块实实在在的砖头，关于木材的荣誉就是一块地地道道的木材。荣誉，在某种程度上就是要求人们做一个正直的人。"

正直的教师都是有良知的人。一个人只有具备了良知，才有可能步入正直者的行列。良知是正直者的心灵源泉。

正直的教师拥有坚强的信念。这一点包括有能力去坚持我们认为是正确的东西，在需要的时候义无反顾，并能公开反对错误。

正直的教师绝不会是一个攀附权贵、心口不一的人，他不会心里这么想，嘴里那么说，实际行动又是另外一套。因为他的内心有一定之规，所以不会撒谎，也不会表里不一。而且内心很少产生矛盾——他才是一个真正的忠实于自己做人标准的人。

学会做一个正直的教师吧，这样的教师才会受到学生的敬重和欢迎。

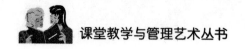

做以德服人的表率

罗曼·罗兰曾经说过"要散布阳光到别人心里，先要自己心里有阳光。"教师要做到以德服人这点，就必须依靠自身的不断修养、自我的不断提高。从这个意义上来讲，教育学生的过程也是教师自我教育的过程。俗话说"德可以服众，威可以慑顽"，有高尚品德的人本身就有令人折服的人格魅力，所以教师不能不注重自身品德的修养。让我们来看以下这个故事：

> 在一次学校劳动中，水房的下水道管口堵塞，脏水横溢，臭气熏天。许多学生怕弄脏了衣服，谁也不愿去处理。这时一位班主任老师脱去外衣，挽起袖子，趴在下水道管口，用手把堵塞在管口的脏物一一清理出来。学生在他的影响下也纷纷过来帮忙。

在这个故事中，我们可以看到教师直接的行动就是无声的命令。教师身体力行，学生就会把教师作为效仿的榜样，将之视做道德的典范、学生的楷模。凡是要求学生做到的，教师自己先要做到，且要做好，如果能做到这一点，自己的威信就会建立起来。教师本人的人格力量对学生成长起着不可忽略的作用。苏霍姆林斯基曾说："我们应当以丰富的精神生活，给孩子们作出榜样。只有在这种条件下，我们在道德上才有权利来教育学生。"只有自身的道德修养令学生惊叹折服，教师才能一言九鼎，使学生信服。

身教重于言教，言行一致应是教师具有的美德之一。如果嘴上说得很动听，而实际做的又是另一套，那换来的将是学生的蔑视。要尽量说到做到，处理事务要客观公正，这是让学生信服和欢迎的必要条件。培养学生，教师要把自己当做一面镜子，以自己的遵纪守法来鞭策学生，以自己高尚的品德去感召学生。要有健康的心理素质，以开朗的心胸，坚强的意志、丰富的情感和平衡的心态从事教学教育工作。不要动不动就发脾气，喜怒无常，垂头丧气，损害自己的形象。

为师先做人，育人先正己。每一位教师必须具有较高的精神境界，以敬业爱岗为宗旨，要有献身教育事业的崇高理想、强烈的事业心、高度的责任感，有为教育事业无私奉献、甘为人梯、乐为人梯、善为人梯的精神。唐太宗曾说过："以古为鉴，可以知兴替；以铜为鉴，可以正衣冠；以人为鉴，可以知得失。"教师应是学生的一面镜子、一个榜样。没有崇高的职业道德，没有敬业精神，要做好教育教学工作，那无异于天方夜谭。

正如古代教育家孔子所说："其身正，不令而行；其身不正，虽令不从。"即正人先正身。学生"听其言，观其行"，教师在进行教育过程中应以高度负责的态度来对待自己的言行，做到以身立教、言传身教，成为学生的表率与楷模。

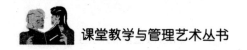

人格就是影响力

有这样一个寓言故事：

> 时间老人向走过来的很要好的三个兄弟发问："我有三样东西，你们一人只能取一样，但必须挑你自己所喜欢的。"说完，时间老人就把名利、金钱和人格三样东西拿出来，老大抢先说："我要金钱。"老二说："我要名利。"老三说："就把人格给我吧。"时间老人一一分给他们，三个兄弟高高兴兴地得到了自己的最爱。

> 一年过后，时间老人就问这兄弟三人："你们得到了各自的需要，日子过得怎么样？"老大愁眉苦脸地说："你给我的钱花光了，能不能再给一些。"老二心事重重地说："我是有名望的人，可我的朋友为什么却离我越来越远了？"只有老三微笑着说："我的事情越做越好，我的朋友也越来越多，这一切都得感谢你。"

这则寓言给我们的启示是：人格是每个人最好的一张赢牌，一旦失去了这个资本，损失无穷，亮出你的人格，掌握你最好的资本，你就能走好一生。做人如此，做教师同样如此。

当然，"金无足赤，人无完人"，要求教师人格至善至美，恐怕不那么现实，也不能如此苛求。然而，既然我们选择了教师的职业，承担起了教书育人的神圣使命，就必须深知遵守教师职业道德规范的意义，并把塑造完美人格作为人生不懈的追求。

教书育人的核心是培养学生健全的现代人格，教学生学会做人。在这个教育过程中，教师的人格是一种无声的命令、无形的感召、无穷的动力，对学生的心灵具有强大的辐射力、震撼力和同化力，发挥着感染、激励和促进的作用。伟大的教育家乌申斯基曾经深刻地指出："教师的人格就是教育工作者的一切。因为只有人格才能影响人格的发展和定型，只有性格才能养成性格。"教师的人格属于教师职业道德的最高层次，其人格特征主要包括热爱祖国、无私奉献的师魂，热爱事业、热爱学生的师德，"全面发展基础上个性发展"的师观，勇于探索、开拓创新的师能和严于律己、严谨求实的师风，这也是我们教师人格自塑的目标。

叶圣陶先生说过："教育工作者的全部工作是为人师表。"为师就要有知识，为表就应有美德。教师要完成教书育人的历史重任，先要成为具有崇高人格的人，并以此取信于学生，熏陶学生。教师课外、校外的道德失范，将是其对课内、校内施教时的宣言的自我否定，势必会在学生心里失去影响力。可见，教育的成败与教师人格的信度与力度、知识的广度与深度存在着必然的因果关系。因此，有志于教育工作的教师应该清楚：为人师表，必须诚惶诚恐，在自己平凡而伟大的岗位上，勤于学习，严于自律，这便是向理想人格迈进一步。

教师塑造自身完美人格需要一个长期艰苦的修炼过程，是一个自我否定与自我肯定的过程。需要以健康的心理素质和全面的文化修养为基础，并在深化改革、教书育人的实践中不断磨炼，严格自律，逐步从现实自我走向理想自我。为此，教师必须增强人格自塑意识，其中包括自尊自爱意识、自警自省意识和自控自律意识。

"自尊心是一个人灵魂中的伟大杠杆。"教师的自尊自爱是一种积极的行为动机，有助于克服自身的缺点，促进人格的完善。另外，教师还要在自己日常生活中保持自警自省，要提高自我认识，坚持自我警醒，做到"吾日三省吾身"，自觉遵守教师职业道德规范。教师的自警自省意识越强，越能自觉做到"慎独"，不断提高自己的人格修养水平。要想使自己的人格逐步完善，还必须做到严格自律，提高自控能力。具有完善人格的教师，就是自控最强、自律最严的人。自我控制的前提是对理智与情感关系的正确把握和对行为后果的深刻认识。严格自律的教师善于解剖自己，勇于去"恶"扬"善"，在自己教书育人实践中能够主动把一切不利于人格提升的因素消灭在萌芽状态。

教师总是处于学生最广泛、最严格的监督之中，承担着独特的人格责任。因此，教师必须"以人为镜"，不断完善自己的人格，真正承担起"以素质培养素质""以人格塑造人格"的历史重任。

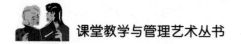

金杯银杯不如"口碑"

美国知名教育家布鲁肖曾经说过这样一番话：

在每一个校园里，每一个课堂中，每一位老师都有自己的"名声"。上了一周的课之后，教师的"名声"就建立起来了。用不了多久学生就会传开，哪些老师很"和蔼"，哪些老师很幽默，谁留的作业最多，谁最关心学生，谁经常保留记录材料，等等。家长根据孩子的话来判断老师的品行，老师也了解彼此的品行。事实上，要客观公正地判断一位老师的性格和他的教学能力，人们无需亲自去听他的课。有的老师总爱拖堂，就知道他的课堂管理是否得当；有的老师经常和学生一起在操场上活动，就知道他们之间的师生关系是否融洽；在走廊里走一圈，就能听出来谁在上课；听听老师之间的对话，就可以详细了解他们的态度、敬业精神和他们的综合工作能力。不论是否愿意，都去听听学生如何评价他们的老师吧。学校里，没有哪位老师想获得一个坏名声，但是很多老师的名声的确不太好。而摆脱坏名声的最佳方式莫过于第一次就不要给人坏的印象。其中的道理简单得很：上课一定要用心，尊重学生，兢兢业业，有始有终，让自己充满激情，无愧于心！

布鲁肖的话让我想起中国的一句俗语："金杯银杯不如口碑。"在教师这个行业，也许"金杯银杯"真的不那么重要，但"口碑"很重要。如果教师将自己放到更广阔的时空中去"观照"，金或银都会随时光流逝而褪尽当时的华光，只有"口碑"在人们的心中屹立不倒。

教师的职业劳动有很大的特殊性，特殊在一直缺少简单易行的评估体系来对教师的劳动作出最终公正公平的评价，分数的绝对值不足以完整评价，靠听几节公开课或随堂课也不能完全定论，而看教师发表的论文数量更是荒谬。因此，在评价教师时，人们更倾向于亲身了解教师的工作状态，并在亲身感受到了教师的精神、气质、态度、水平等可感而绝难量化的东西之后，形成了许多人对教师相对一致的评价。这些人包括上司、同事、学生、学生的家长，如果这些人都"口口相传"地赞美这个教师、敬重这个教师，就意味着他有很好的口碑，比金杯银杯更宝贵的口碑。

中国有一位校长也说过类似的话，他说："作为校长，怎么真正在心里给你定下一个位置，说实话并不怎么看记录了你'光辉业绩'的奖状、奖杯、证书之类的东西，而是要对你作一番'道听途说'的了解。比如，当你来应聘时，我看完教师学历、经历、荣誉证书之后，就要设法去打听你在原单位的表现，打听就是去了解你的口碑。"

口碑是教师的品牌。假设你现在是一个消费者，你要买空调，到了电器商厦，在那么多令人眼花缭乱的品牌面前，你买哪一台呢？我想去除价格因素外，你当然会选择你心目中的名牌。为什么选名牌？因为名牌比较靠得住，名牌代表了这个品牌的质量与服务，是一种保证。那名牌是如何形成的？虽然名牌的质量要好，但更重要的是，名牌是口口相传的结果，商家通过媒体发布品牌形象，顾客使用下来觉得好，自然就相互介绍了，大部分消费者购物时并不去研究产品的具体的技术指标之类的东西，而是听别人介绍。

教师与空调如果都作为一种产品，相比之下，人们一般可能更容易对空调质量作出评估，而对教师劳动的评价却不那么容易了，因此教师的"品牌"比空调的"品牌"更具有决定意义。

所以，教师应该比其他任何行当的员工都更珍惜自己的名声。如果打算一生从教，就要做好时刻保护名声的思想准备，否则可能就会因为一个小小的瑕疵而贬值。

既然对教师而言，口碑是那么重要，那么怎样才能在别人口中和心中树起一座"丰碑"呢？办法有很多，道理却只有两条，一是要有丰富的知识，二是要做受人欢迎的人。

首先是知识丰富。教师的心中如果没有书是不可想象的，人们总是天然地敬重那些博学之士。假设有三种人都受人羡慕和敬爱，一是博学的人，二是当官的人，三是有钱的人，人们更敬重谁？更持久地敬重谁？

更真实地从心底里敬重谁？苏格拉底说："在所有的事上，凡是受到尊敬和赞美的人，都是那些知识最广博的人，而那些受人的谴责和轻视的人，都是那些最无知的人。如果你真想在城邦获得盛名并受到人的赞扬，就当努力对你要做的事求得最广泛的知识。"

其次要做一个受人欢迎的人。对教师而言，只要去做一个受人欢迎的人，就会有好的口碑。人们有时可以容忍一个平庸的人，却不能容忍让人不舒服的人。什么样的人是让人欢迎的呢？这种人应该具备四个特点：

第一是热情。人们喜欢热情的人，因为他们为烦琐贫乏的工作和生活注入活力，他们制造欢乐、化解矛盾，他们使冰冷的办公室充满生趣，他们身上总是有一种积极的力量，使人们愿意凝聚在他周围。

第二是真诚。与真诚的人交往可以不设防，因而格外轻松。人心隔着肚皮，而真诚却是连接两颗心、两种思想观点、两种个性之间最短的路径。

第三是善良。善良表现在人际交往中就是"己所不欲，勿施于人"，善良的人能为别人着想，尽力为别人去做些什么，表面上看似乎吃亏了，可实际上他获得的回报将更多。善良的人善意地揣摩别人，因此善良的人自己活得轻松；善良的人善待别人，因此总是受人尊重和欢迎。

第四是宽容。如果说善良是"己所不欲，勿施于人"，那么，宽容就是"己所欲亦勿施于人"，这是一个无限多样、丰富多彩的世界，人们可以欣赏统一，更要欣赏差异，能欣赏与自己的秉性不同的人和事。人们愿意和宽容的人在一起，是因为宽容的人不挑剔，人们不喜欢被挑剔。学会了宽容，也就学会了尊重。

一个热情的人、真诚的人、善良的人、宽容的人，一定是受人欢迎的人，受学生欢迎，受同事欢迎，自然也就受领导欢迎。这样的人就会有一个好口碑，也就成了名牌，就有了竞争力。

所以，珍惜你的名声吧，用名声赢得掌声。

用爱的目光注视学生

爱的目光是孩子成长的营养之源。与孩子交流时，成人爱的目光，往往胜过语言。

93岁高龄的日本小儿科医生内藤寿七郎先生，也是一位著名的教育家。爱哭闹的孩子只要一见到内藤先生就会停止哭泣。

有一天，一位妈妈带着两岁男孩前来找内藤先生看病。妈妈说，一升装的牛奶，这孩子一口气就能喝光。因为喝牛奶超量患了牛奶癣，皮肤刺痒睡不着觉，举止焦躁不安。

内藤先生不慌不忙地将白大褂脱下，然后跪在那个男孩面前，看着对方的眼睛。

"你喜欢喝牛奶吗？"内藤先生温和地问道。

男孩点点头。

内藤先生仍然目不转睛地看着他说："如果不让你喝你特别喜欢喝的牛奶，你能忍得住吗？"

男孩显出一副烦躁和不满的神色，并且把脸扭向一边。

内藤先生并不气馁。他跟着转到孩子面前蹲下身子说："你可以不喝牛奶的，是吗？"不管男孩怎样不耐烦，拒绝回答，内藤先生的目光一直充满着信赖，口气也十分诚恳。

终于，男孩轻轻地点了点头。

奇迹发生了。男孩回家后不喝牛奶了，症状很快消失。一年半以后，他的母亲认为可以少喝点儿牛奶了，可男孩说："大夫说能喝我才喝。"母亲只好请内藤先生来帮忙。

这一次，内藤先生仍然是看着男孩的眼睛，微笑着说："你现在可以放心地喝牛奶了。"从那天起，男孩真的又开始喝牛奶了。

内藤先生通过这件事总结出：哪怕是才两岁的孩子，只要他明白了道理，就能控制自己。于是，他提出了一个响亮的口号：

"爱的目光足够吗？"这个口号提出至今已经半个多世纪了，现在听起来仍然觉得十分亲切。

可见，孩子多么渴望爱的目光！

如果说，眼睛是心灵的窗口，那么眼神就是这扇窗里所展现的全部内容。

一个鼓励的眼神，可以让拙于回答问题的学生大胆地举起手来，让退缩不前的学生勇敢地向前迈步；

一个赞扬的眼神，可以让学生体会到被老师肯定的快乐，激励着他们向着那无限顶峰不断前进。

还有这样一个经典故事：

那年，朱丽·狄德罗24岁，刚从加州大学伯克利分校毕业，来到犹他顿州一所小学教五年级的语言课。

第一天上课时，她注意到台下的20个学生一个个眼睛里都带着一种不安又胆怯的神色，这让她感到很奇怪。

上课了，学生大都表现得很安静，除了在她要求下站起来介绍了一下自己的名字"我叫理查德"，"我叫安迪"，"我叫凯莉，来自圣迭戈"，然后几乎就没什么动静了，就连她提问时，也没人主动举手回答。

朱丽奇怪地注视着全班学生：　"孩子们，你们是不会还是不想回答啊？"

没有一个学生吱声。

朱丽更加奇怪。

下课后，朱丽设法和学生一起玩，并顺便了解了他们的许多问题。

原来，这些学生大多数都是上个学期才转学过来的，他们的父母因为工作调动或者生活原因，经常搬家。结果，学生刚刚熟悉了一个地方，环境又变了。加上学生原有的基础不太扎实，来到新学校后，有点跟不上教学进度，成绩大都处于年级末位，尤其是阅读能力很差。其他任课老师也不太喜欢他们，来上课的老师多是一副冷冰冰的样子，似乎自己正对着一群石头讲课。

想起课堂上学生那怯怯不安的眼神，朱丽心里很难过，她觉得自己应该做点什么。

第二天课上，学生仍然低着头，一副副垂头丧气、心不在焉的样子。朱丽便叫道："孩子们，挺起你们的胸膛，抬高你们的头，看着我！"声音虽不大，但语调的分量却很重。

学生慢慢地抬起头，他们突然注意到朱丽的眼睛闪着一丝光芒，像一方晴朗的天空，清澈、洁净、透明，从她眼神中流露出来的是一种鼓励的力量。

这是一种他们在别的老师身上没有见过的眼神，伴着朱丽的这种眼神，学生的心刹那间也变得晴朗起来。

看到学生坐直了身子，朱丽露出欣喜的笑容："很好，孩子们，现在开始上课。哪位同学先来朗读一下课文呢？"

半晌，安迪慢慢举起手来，但他刚读了两句就卡壳了。

只有上帝才知道他读了些什么，不过也不能怪他，在这个班里没几个学生能流利地把一篇课文读下来。

安迪有些窘迫，他偷偷用眼睛瞄了一下老师，迎接他的却是朱丽那安静中透着温和的眼神，仿佛在对他说："没关系，继续！"

安迪受到了鼓励，继续往下读，虽然中途又卡壳了，但他都坚持读下去了。

等到安迪读完，朱丽用一种热切的目光注视着他：

"很好，安迪！你读得不错，如果你的朗读能少几个'逗号'，我想会更完美！"

学生都笑了，为朱丽老师那俏皮中略带批评的话。

渐渐地，学生在课堂上活跃起来了，脸上的笑容也多了。

一天在阅读课上，朱丽用她那漂亮的蓝眼睛看着学生们，"孩子们，这节课请一个同学上台来讲个故事，理查德，你来！好吗？"

理查德有些犹豫，"我……"，他想说什么，抬起头，看到朱丽那清澈的目光，信任中传递着爱意，突然多了几分勇气，跑到教室前边来开始给同学讲"三只小猪"的故事。

一开始，理查德讲得很慢，声音也不亮，不时还有停顿："在一个遥远的山村里，住着一位猪妈妈和她的三只可爱的小猪。猪妈妈每天很辛苦，小猪们一天天长……应该独立生活了，等你们盖好自己的房后就搬出去住吧。……三只小猪谁也不想搬出去住，更不想自己动手盖房子……"，朱丽向理查德投去赞许的眼神说："理查德讲得很好，大家来点掌声，给他勇气！"

渐渐的，理查德的声音变亮了，故事也连贯多了，讲到大野狼来了的时候，他还做出一副害怕的表情，最后，理查德眉飞色舞地来了句，"大野狼嚎叫着夹着尾巴逃走了，再也不敢来找三只小猪的麻烦了"，接着，他长吁一口气，"上帝，我终于讲完这个故事了！"

学生都被逗乐了，朱丽微笑道："孩子们，下周三我们五年级要举行一次故事比赛，你们谁报名参加？"

"朱丽小姐，我报名！"理查德说。

"我也报名！"安迪不甘示弱。

一时间，学生纷纷表示要去参加比赛，连最腼腆的琼斯也怯生生地问："朱丽小姐，我可以报名参加吗？"

"当然可以，亲爱的，我真为你高兴。"，朱丽疼爱地看着这个小女孩。

比赛结果，朱丽所教的班级居然一举击败其他班级夺得第一名，让其他老师大吃一惊：这些小家伙什么时候变得这么大胆？

校长的评价是："你们有语言天赋，乐观积极，有创造性，我真诚的为你们的进步感到高兴！"

一年后，除了几个因搬家离开犹他顿州的学生，其他学生都顺利毕业。

时间一晃，又是十几年过去了。

一天，朱丽突然收到来自纽约一家出版社寄来的包裹，里边是一本当时非常流行的侦探小说，书里有一封短信："亲爱的朱丽小姐，我是理查德，这本书是我的第一本书，希望您能喜欢。您知道吗，我最怀念的就是当年您看我们的那种眼神，它是那样的温柔，就像是一条汩汩流淌的河流。在不断地荡涤我们的心灵……"

朱丽心中有一种非常柔软的东西被触动了，她不仅想起了那堂课上理查德讲故事的样子……

眼神，只可意会而不可言传。

冷漠的眼神造就了惴惴不安的学生。当学生从老师眼里看到了一种不屑，感受到了一种轻视时，他们就将变得更加胆小、懦弱。

温柔的眼神促成了积极活泼的学生。当学生从朱丽眼里读出了一丝光明，体会到了一股暖流时，这种眼神就成了点化学生心灵的金手指！

正如古人所云："眼乃神光所聚，故有通体之眼，有数句之眼，前前后后无不待眼光照映。"

面对这样一群有着特殊经历的学生，朱丽没有像其他老师一样抱以冷眼，而是用自己温柔的眼神一点点融化学生心中的坚冰。

朱丽的眼神中流动着鼓励和肯定，温暖着学生自卑和沮丧的心。学生就是从她的眼神中得到了前进的信心和力量。

学生从老师的眼神中感到了老师的关心、鼓励，只有体会到了被老师尊重的感觉，才能有胆量表现自己，展现自己。

早在春秋战国时期，孟子也曾对眼神的作用作过精辟的阐述，说明眼睛是判断人心善恶的基准。他说："存乎人者，莫良于眸子。眸子不能掩其恶。胸中正，则眸子焉；胸中不正，则眸子眊焉。"

通过眼神来传情达意，是一种普遍的心理现象。而来自教师那种富含感情色彩的眼神，对学生来说则有着更为特别的含义。

在日常生活中，人们自然而然地运用眼神，来表达对周围一切事物的复杂情感。喜怒哀乐，悲欢离合，都会从微妙变化的眼神里真实地流露。

美国新泽西洲一所中学百年校庆时，恰逢该校一位优秀教师休伊斯先生的 80 岁生日。休伊斯先生教过的学生，许多已经成为闻名全美国的教授、学者。

是什么原因使休伊斯先生桃李满天下呢？学校在众多的学生中，选出 100 位最有成就的人。为了得出较为一致的答案，问题很简单：你认为，休伊斯先生的哪一方面对你的人生影响最大？

答案很快反馈了回来。出乎意料的是，收到的答案居然惊人的一致。大部分学生都认为，休伊斯先生给他们人生影响最大的，就是他那种发自内心的温暖的眼神。

请诸位教师记住：

温暖的眼神能传递一种力量，一种上进心，而冷漠的眼神则犹如一把利箭，刺向人的心里。

有一位艾滋病患者在与大学生直面交流时，说了一句让人深思的话："冷漠的眼神比病毒更可怕。"

这位患者早在1987年就感染了艾滋病，1995年病发而亡。在这17年里，让他刻骨铭心的不仅是病魔的折磨，还有来自亲人、朋友的那种冷漠的眼神：家人将他"礼送出门"，最要好的朋友再没和他来往，单位也是没办法再待下去了……"那种被全世界抛弃的感觉，比病毒更猛烈地伤害着我！"他说。

眼神，就是这样一种奇妙的东西，有的让人恐惧，有的让人紧张，有的让人轻松，一个极为亲切的眼神可以激发学生无与伦比的热情，而阴沉的脸色则可以使多数学生的思维进入抑制状态！这就是眼神的魅力。

温暖的眼神，必定有一份深深的爱在支撑，必定有一份平和的心态做后垫。那么，让我们慢慢地让自己的心态平和起来，让你自己发现，让你的学生体会到你的深深的爱吧。总有一天，这份感觉，这种眼神会水到渠成的。

而很多的时候，我们一不小心火气就上来了。充满"火气"的眼睛会有这样的一份巨大的宁静感吗？会让学生感受到你的眼神中的自觉自愿的平静吗？不会！即使学生感受到你眼底的严肃和庄重，在他们心里有的只是恐惧和被动，而不会是由于你眼底的"平静"而感染他们。

温暖的眼神是一门绝技，它绝不会是强忍下的产物。学生读懂了老师的眼神，才能靠近老师的心。老师的眼神能在无形中锻炼学生某种能力。因此，作为一名老师，除了应该具备读懂学生眼神的能力，更应该将自己温柔的、充满爱的眼光洒向学生！

用爱的微笑面对学生

常常听到学生问一个奇怪的问题："老师怎么不会笑？"

著名教育专家——"知心姐姐"卢勤女士曾经讲过这样一件事：

一次，我去长春市一所实验小学与孩子们见面，一个高个子女孩气喘吁吁地跑上台来，她的直爽让师生都愣住了："知心姐姐，我们的老师不会笑怎么办？"

为了缓和气氛，我给大家讲了一个真实的故事。

我曾经到北京宣武区一所小学采访。在一本中队日记里，我无意中发现了一篇文章《老师的笑脸哪儿去了》。

文章说，所有的老师都是绷着脸来上课的，只有美术老师笑眯眯。结果，课堂上有高声讲话的，有下位子借东西的……美术课成了乱糟糟的自由市场，后来逼得美术老师不得不收起笑脸，也绷着脸来上课。这叫"给脸不要脸"。

同学们听了，开心地大笑起来。

笑声过后，我问这个提问的女孩："你们有没有过'给脸不要脸'的时候呢？"

"有"女孩坦白地说，"只要老师给点儿好脸色，有的同学就开始折腾。"

台下又是一片笑声。显然，他们经历过。

"那你想没想过去调查一下，老师为什么不爱笑？除了你们的表现，老师家里会不会有什么不顺心的事情，比如孩子成绩不好，丈夫和她闹别扭……"

"没有。"

最后，我向同学们提出建议：去调查一下"老师的笑脸哪儿去了"。

几天之后，我收到几个同学写来的"调查报告"。

一份"报告"说，他们"跟踪"老师上下班，才发现老师的孩子有残疾，她每天要把孩子送到幼儿园，十分辛苦……

另一份"报告"说，老师跟她丈夫正闹离婚呢！

还有一份"报告"写道："下课后，我'跟踪'老师去了办公室。在门口就听到里面传出爽朗的笑声，一听声音就知道是我们班主任在笑。我立刻跑进去，想看看老师笑起来什么样子。可是，当我叫了一声'老师'，老师转过头来时，脸马上变得冷冰冰的，一点儿笑容都没有了：'你来干什么？'老师甩给我一句冷冷的话。我一下子明白了，老师不是不会笑，而是不对我们笑。"

这件事过去好几年了，可我一直忘不掉。孩子们多么渴望得到爱的微笑啊！

与此相关的报道是，在中国少年报社组织的"我眼中的老师"绘画比赛中，绝大多数孩子笔下的老师都是绷着脸的。好不容易找到一张"笑脸老师"，画画的孩子还在旁边注上："老师终于笑了！"

今天的学生确实太需要教师的微笑了。微笑能照亮所有看到它的人，它像穿过乌云的太阳，带给人们温暖。

微笑是获得学生信任的最快的途径，具有感染性。教师可以站在学生面前，向他们笑一下——露出牙齿，满面笑容，一句话也不用说，他们一定会马上还你一个微笑。有些人天生比别人爱笑，如果你不是一个天生的"微笑者"，那你不妨试试这个方法：在讲桌上贴一个小笑脸，让它来提醒你天天都努力地绽放自己的笑容。

我曾经和一位新老师做过一个实验，她正在为学生的调皮捣蛋而头疼。听了她的课，我一下子就发现，一节课都上完了，她也没笑过一次。讲课的时候，她总是一副不高兴的样子。我们商定，明天一整天她都要尽量带着愉快的神情和笑容出现在学生面前。我把家里的电话给了她，请她第二天晚上告诉我实验的结果。第二天，电话铃响了，从她欢快的声音里，我就能听出实验成功了！"孩子们今天听话多了，"她说，"他们甚至还问我今天为什么那么高兴，这就等于告诉我，以后一定要努力，让他们看到更多的笑容。"

如果一个教师每天都是春光满面、笑容可掬，那你的微笑一定会牵动、牵引许多学生，成为学生提问、倾诉、聊天、交流、求助的"亲人"，成为一个受学生欢迎的人和一个有魅力的人。

其实，微笑不应该仅仅是教师一种脸部表情的符号，还应该是教师内心感情的自然流露。那种虚情假意、皮笑肉不笑的"包装"式微笑，只能一时迷惑学生。只有由衷地热爱学生、尊重学生，虽然你的脸上并没笑意盎然，但学生那颗敏感的心依然可以"读"出你潜在的微笑，这种微笑才真正具有穿透力、激动人心。

有一首歌曲《笑脸》，教师要让学生"常常地想，现在的你，就在我身边露出笑脸"，而不要让学生"可是可是我却搞不清，你离我是近还是远"，教师要给学生实实在在、真真切切、明明白白的微笑。

一句"你今天对顾客微笑了没有？"成为了著名企业家希尔顿经营的名言。那么，就让"老师啊，你今天对学生微笑了没有"也成为教师教育的名言吧。

用爱的关怀感染学生

苏联著名教育家苏霍姆林斯基指出:"教育首先是关怀备至的,小心翼翼触及年轻的心灵。"教师也许不是专业的心理工作者,但他至少应该承担起保护学生心理健康的责任。

由于社会竞争日益激烈,学生的心理困扰也日益增多。这就要求教师不能满足于做"衣食教师",只在意学生的学业成绩而忽视他们的内心世界。

一名优秀的老师,不仅仅是知识的传播者、课堂的管理者,还应该是学生心理的关怀者。

陶行知先生认为:"真教育,是心心相印的活动,唯独从心里发出来的,才能打到心的深处。"

因此,"学会关怀"应成为教师课堂教学的新目标和新技能,老师要用心去认识、理解、关怀学生,做到一言一行总关情,要把自己的生命放到学生的生命里去。

有人说:"关怀是飘扬在空中的小夜曲,使孤苦无依的人获得心灵的慰藉;关怀是照射在冬日里的暖阳,使饥寒交迫的人感到生活的温馨。"

关怀就像串串珍珠挂在学生的心上,像朵朵鲜花盛开在学生的心中。

如果老师能从自己的珍珠链上采撷最耀眼的珍珠,从自己的心中捧出束束鲜花,它们定会大放异彩,芳香四溢。

我们来看一个曾感动了中国教育界的知名人物的故事:

> 瘦小的身体、坚定的步伐、自信的微笑、风趣的谈吐,这就是河南浚县一中的优秀教师宋清民!
>
> "人要生活得充实,就得有坚定的信念,有所追求,就得为社会做点什么,不然的话,那只能叫活着,而不叫生活。"这是他常挂在嘴边的一句话。

1998 年春天，女学生叶红面部神经麻痹，需中药治疗，可出门在外的学生煎中药谈何容易。

宋清民老师立即让她把中药抓回来，替她煎。

这样，每天中午和晚上，宋老师都把中药准时煎好让叶红服用。中药太苦，宋清民老师还为她买了糖。

但一个疗程之后，叶红就断药了。宋清民问："是不是怕麻烦我？你不用担心，我有时间的。赶紧把第二个疗程的药买回来！"

但叶红却依然摇头。

宋再三问其故，叶红才支支吾吾地道："我家里用钱紧张，等我妈发工资了再治病吧。"

宋清民也为难了，他有心帮助自己的爱徒，但一介清贫教师，能有多少余钱呢！

宋清民略一思索，便道："叶红，不要急，我有办法。"他转身走出门，敲着隔壁的教职工宿舍的门："李老师，借我点钱！"

叶红鼻子开始发酸。

很快，宋清民就拿着钱回来了："叶红，拿着，赶紧买药去！

叶红的泪水夺眶而出。

宋清民笑道："哭什么！等你家有了钱，还给我就是。去吧，别忘了，药买回来了，还得在我这里煎啊！"

经过宋清民老师一个多月的精心照顾，叶红终于痊愈了。她在日记中写到："我感觉到每一天的生活中都充满了阳光……"

后来，叶红顺利考入一所本科院校。在拿到大学录取通知书的一刻，本也清贫的宋清民将一叠零碎的纸币塞到叶红手中，笑着说："我知道你家里不宽裕，拿去做路费吧，以后有什么困难还要及时告诉我啊！"

类似叶红这样的例子，宋清民连自己都不记得经历过多少个了。

作为学生，在家靠父母，在校靠老师。长期担任班主任的宋清民更是以慈父般的爱心关怀着每一位学生，特别是对于那些住校生，他更是常常嘘寒问暖，让每个学生都有回到家里的温暖感觉。

开学的第一天，宋清民就把自己的手机号码公布给学生，并说："不论是在学习上还是生活上、经济上有困难，你们都可以来找我帮忙。"

当严冬即将来临时，他在课堂上提醒学生要多穿衣服，防止因天寒而生病。

在放长假或者放寒暑假前，他会告诉学生外出旅游和回家要注意旅途安全。

他还通过问卷调查把班上每个学生的出生日期弄清楚，如果上课这一天正好是某个学生的生日，他就在讲课之前先向这位学生表示祝贺，再把准备好的小礼品赠送给学生。

宋清民老师还善于捕捉学生的思想变化，当学生范错误时，他拉上一把，给予指点；当学生有进步时，他进行鼓励和表扬；当学生有困难时，他雪中送炭；当学生有苦恼时，他给予安慰和体贴；当学生受到挫折时，他给学生扬起生活的风帆。

宋清民老师的好，正如叶红给他的信中写的那样："宋老师是世界上最高的山，是您将我们托在你的肩头，让我们眺望世界，展望未来；您是世界上最坚固的船，载我们驶向理想的彼岸；您是世界上最宽的路，让我们踏着您走向成功。您的无私如同父爱，深沉博大；您的教诲如同母爱，亲切而细腻……"

从学生给老师的来信当中，我们看到了一个优秀教育工作者的高贵灵魂！我们更看到了"关怀"所具有感化心灵、激励学生进步的神奇力量！

作为教师，不仅要传授科学文化知识，还要关心学生成长，多和学生进行情感交流，使学生感受到班集体的温暖融洽，把教书和育人有机地结合起来。

关怀之于学生的意义远远超过了一堂精彩的讲课和一条强制性的规章。关怀甚至可以影响学生毕生的格调和色彩。

宋清民信任、尊重、关怀每一个学生，给学生留手机号码，提醒学生多穿衣服，告诉学生外出注意安全，为学生庆祝生日……正是这些发生在日常生活中的点滴小事，使得温情洒满了学生心田；正是这些不为人注目的小事，使得宋清民在学生眼中的形象愈来愈高大，愈来愈完美。

通过宋清民我们发现，只有关怀型的教师能够推动学生的进步，关怀是转化"差生"最有效的途径。

很多老师总是习惯于把眼光停留在一些出类拔萃的学生身上，而对一些"差生"不闻不问、漠不关心。

其实，那些被人忽略的学生，他们就像干涸的土地一样，更需要雨露滋润，更需要教师的关怀和鼓励。

苏霍姆林斯基曾指出："对孩子的热爱与关怀，是一股强大的力量，能在人身上树起一种美好的东西，使他成为一个有理想的人，而如果孩子在冷漠无情的环境中长大，他就会变成对善与美无动于衷的人。"

失去关怀的人生就像失去控制的船只，摇摇晃晃没有依托；失去关怀的人生就像断了线的风筝，飘飘摇摇不知归宿；失去关怀的人生就像漫漫长夜，昏昏暗暗，没有光明。

作为教师，切不可做一个袖手旁观者，要用关怀去唤醒学生懵懂无知的心灵，让他们感受到关怀的暖意在心底流淌，感到老师是亲切的，学校是温暖的，学习是有趣的。

老师要多用真情去关怀"差生"，多为他们着想，用真诚换取他们的真心，让他们找回自信，让他们理想的风帆扬起来，相信他们的明天也会很精彩。

我们已经很明白关怀的好处，但是，并非每位教师都能正确关怀学生。

有的老师在如何关怀学生这个问题上总是存在着一些曲解，使关怀走上了一条失误的路。

我们应当注意以下事项：

关怀不是过度的喋喋不休。不论在课堂上，还是在办公室，我们经常会见到这样的场景：老师苦口婆心地讲解，百般"关照"，生怕学生听不明白，做不好题，背不出课文，并再三警戒："不这样，你将来考不上大学！还影响升学率！"

殊不知，在这种氛围中成长的学生，是很难正确理解和珍视老师的劳动付出的，他们的心理也多少有点扭曲，对行为及人际关系也越来越带有功利性。

无微不至并不是最好的关怀的方式。

有的老师对于学生所犯的错误，一般都亲自处理，从头至尾，任何细节都不放过，任何问题都要解决，而且还把"多余"的话说了一遍又一遍，好像学生完全不知道怎么处理，是没有思想的木头人。这样下去，很容易使性格脆弱的学生更加脆弱，性格倔强的学生更加具有逆反心理。

关怀，应当讲究适度。学生有好动、好奇的天性，这难免会有"危险"，有的老师害怕他们出事，出于关怀的角度，对学生这儿也限制，那儿也限制，不仅禁锢了他们的智力发展，而且束缚了他们的个性。

有时，过分的关怀其实就是对学生的一种伤害。

放手让学生自己走路，放心让学生自己去解决问题，放开他们本来会日益聪慧的头脑，我们不要过分去在意他们的得失，不要对他们过多地担心。

如果我们能花更多的时间去考虑关怀的概念及其在教师角色中的意义、教育的宗旨、合适的课程等，就能更深刻地理解自己的工作。

美国德育专家诺丁斯认为："关怀的能力来源于被关怀的体验。"西方称具有关怀品质的教师为"以孩子为宗旨的教师"和"温和的指导者"。

教师对学生的关怀，就是在全面了解学生的具体情况和现实需要的基础上，设法满足学生的需要，并提供有针对性的、有效的、全面帮助的心理与行为。

因此，教师在课堂教学过程中也应在两个方面学会关心：

（1）要从只关心学生的学习提升到在关心学习的基础上，对学生成长和生活幸福的全面关心。

（2）学会关心的方法，在全面关心的理念指导和技术要求下进行教育和教学，做学生成长的关心者，并培养同样"学会关心"的学生。

用爱的惩罚约束学生

俗话说：种瓜得瓜，种豆得豆。孩子种下的是错误，我们就应该让他受到惩罚。作为教师，我们不能一味地找"闪光点"来赏识、表扬、夸奖、鼓励学生，不能对学生的错误置若罔闻、放任自流，否则，错误会永远是错误，小错误会演变成大错误，到时再来处理，为时已晚，这才真是贻误学生一生。

"没有惩罚的教育是不完整的教育，没有惩罚的教育是一种虚弱的教育，脆弱的教育，不负责任的教育。"这是中国青少年研究中心孙云晓副主任的话，非常中肯。我们知道：教育的核心是培养一种健全的人格，未来社会需要的是心理健康的人才。让学生为自己的错误负责，就是让学生负担由于自己的过错而造成的不良后果，接受惩罚。这其实也就是教育学生养成一种拿得起放得下的责任心，一种对自己、对他人、对社会的高度责任感。

这是发生在美国的一个故事：一个 12 岁的小孩在院子里踢足球，不小心把邻居家里的窗玻璃踢碎了。邻居说，我这块玻璃是块好玻璃，用 12.5 美元买的，你赔。当时的 12.5 美元可以买 125 只鸡，更何况是对一个小孩。他没有办法，回家找到爸爸。他爸爸问，玻璃是你踢碎的吗？孩子说是。他爸爸说，那你就赔吧，你踢碎的就你赔。没有钱，我借给你，一年后还。在接下来的一年里，这个孩子擦皮鞋、送报纸、发传单，终于赚回了 12.5 美元还给了父亲。这个小孩后来成了美国总统——里根。里根在回忆录里对这件事评论说，正是通过这样一件小事让他懂得了什么是责任——那就是对自己的过错负责。

有了错误就该承担错误的后果，违反了社会道德就要受到道德的谴责，犯了法就要受到法律的制裁，这是常识。让孩子为自己的过错负责，有利于孩子尽早适应社会生存的需要，有利于孩子的健康成长。

一位教育家曾经说过:"孩子进一步,大人就退一步。凡是孩子能做的。大人就不要替他做。"让孩子对他自己的过错负责,让孩子亲身体验过错给他带来的惩罚,孩子就会长记性,少犯错误,进而少受惩罚。

当然,惩罚不是目的,而是一种教育手段。惩罚与体罚不同,体罚是惩罚中最极端的一种,既不能取得预期的教育效果,又严重违背教育人道。

教师有权对教育活动的整个过程施加某种影响和控制,有权做出职责范围内的专业性行为。这是教师的职业性在教育活动中必要的权利之一,是随着教师这一专业身份的获得而取得的。教师放弃这种权利就意味着教师放弃了自己的教育责任。

教育是一种培养人的活动,教师作为教育者,承担着社会、历史、国家和儿童之间的中介角色,教育活动要求教师肩负国家使命,使教师始终处于教育活动的主导性地位。教育活动的正常进行,离不开一定的纪律、秩序及管理组织形式,要维护教育的实施,教师必须拥有控制权力。

但是,世界上任何一种权力都是一种强制力,都会对权力对象产生一定的伤害,因此教师的惩罚权力也需要限制。

教师要在尊重学生人格的基础上,合理、公正地对学生进行惩罚,以达到教育目的。那么,怎样的惩罚方式才是"爱的惩罚"呢?我们不妨看看下面这个故事:

英国的皮特丹博物馆收藏了两幅画,一幅是狗的骨髓图,一幅是狗的血液循环图。能够摆在这家博物馆里的画,人们都以为是什么大画家的作品,其实这两幅画都是一个小学生的作品。

这个小学生对什么都好奇,有一天他看见校长有一只很漂亮的小狗,于是偷偷地打死了这只小狗,只是想看一下小狗的心脏是什么样子。校长发现自己心爱的小狗被小学生打死了,非常伤心,也非常恼火,想要惩罚打狗者。

怎样惩罚他呢？校长了解到这个小学生打死狗的原因后，作出了这样的惩罚决定：要他画两幅画，一幅是狗的骨髓图，一幅是狗的血液循环图。这就迫使那个小学生认真地研究狗的内部结构，并由此对动物的组织结构产生了浓厚的兴趣，有了进一步深入研究的欲望。正是这个包含理解、宽容"惩罚"，使这个小学生爱上了生物学，并最终因发现胰岛素在治疗糖尿病中的作用而登上了诺贝尔奖的领奖台。

这个小学生就是英国著名的科学家麦克劳德。

我们可以看出，充满爱的惩罚是一种善意的惩罚，能让受教育者全心接受，教师不妨善加使用。

用爱的言行鼓励学生

陶行知先生告诉我们，千万不要对那些学习基础差、纪律松散、总让你操心的学生失望。乃至高举教鞭、横眉冷对、连连讥笑，因为每个学生身上都有闪光点，每个学生都有成才的机会，如瓦特，如牛顿，如爱迪生，在上学的时候是那些不被老师认同的学生，却成长为令人仰视的英才。如果我们把教鞭、冷眼、讥笑换成鼓励、表扬，那么在你眼里所谓的"恨铁不成钢"的孩子，有朝一日或许就会成为新的瓦特、牛顿和爱迪生。

如果我们还不能看到鼓励对孩子保持自信心有怎样的作用，那么就先来看一看讽刺、挖苦是怎样击垮一个人甚至毁掉一个人的。

一个男孩上到小学 3 年级了，写字还是乱涂乱画。无论老师怎么要求他，他都改不了这个毛病。于是老师很生气，这一天，当老师再一次看到他交上来的字写得乱七八糟的时候，便当着全班同学的面把他的作业本撕了个粉碎，而且把碎片全部扬到了他的脸上。小男孩脸憋得通红，梗着脖子瞪着老师。老师的气更大了，他厉声问："你家长是干什么的？平时怎么也不管管你？"男孩不说话。下面有同学小声说："他爸爸是瓦工。"老师不假思索地说："我说呢，原来是遗传啊。瓦工不是要和稀泥吗？难怪你字写成这样。我看啊，有做瓦工的爸爸，你也出息不到哪儿去，干脆回家跟你爸爸学做瓦工吧，就当一辈子和稀泥的人！"小男孩眼里的泪终于淌了下来，他慢慢地低下了头。

后来，这个男孩果然就做了瓦工。有人问他，没想过做别的吗？他憨憨地笑笑说："老师说了，我只能做瓦工，我天生就是做瓦工的料。"老师的一通讽刺堵死了他朝其他方向发展的路，认定自己只能做瓦工。

这里不是说做瓦工就是没有出息的，痛苦的，而是说，这不是孩子选择的，是老师不负责任粗暴的论断，让孩子认定自己没有别的路可走，认定自己只能做瓦工。他的一生就这样被老师的挖苦而界定在一个狭隘的圈子里，永远也走不出来了。

　　报纸上还刊登过两件事：

　　　　河南某中学初三女孩小蔚被诊断有强迫倾向，她听课时总感觉老师和同学在用歧视的眼光看着她，导致她不敢抬起眼睛看黑板。因为成绩不理想，她努力学习，但虽然盯着书，却一个字都看不进去。家长发现了她的变化后，做了一番调查，原来这个女孩的数学老师曾在全班同学面前对她说过："你这种成绩和智商根本就不用念高中，随便读个技校就行了。"这句在老师看来轻描淡写的话，让她产生了严重的心理障碍。

　　　　江苏一名15岁的中学生考试不及格，老师在批评他的时候说了几句："就这题你还答错，简直比猪还笨！""你考这么点分，拖了全班的后腿，简直就是个废物！"结果，这名学生留下一纸遗书，纵身从7楼跳下，结束了如花一般的生命。

　　看到这两个事例，你该认识到讽刺、挖苦这种"冷暴力"对我们的孩子身心乃至生命的损害有多严重了吧？它不仅会毁掉一个人的信心，还会让一个人彻底地失去生活下去的欲望。所以，如果不想毁掉一个人，那就把尖刻的语言抛得远远的。教师每天面对的是一群正在成长中的人，一群有自尊需求有被激励愿望的独立的人，因为其尚在成长中，所以心灵很脆弱，神经很敏感。因此，教师更要做到远离讽刺、挖苦，不吝鼓励和赞扬。

　　人是需要鼓励的，成人如此，正在成长中的孩子更是如此。讽刺、挖苦可以毁了一个人的一生，而赞美、鼓励可以成就一个人的一生。

我认识一个初中一年级的男孩小峰，他学习成绩很差，而且特别调皮，每天以捣乱、恶作剧为乐。所有的老师见了他都头疼，哪个班主任都不愿意要他。在学校，他成了有名的差等生。父母对他也是一点办法都没有，索性不去管他。一次，小峰在学校闯了大祸，把一个同学推倒，脑袋磕在水泥台上，使那个同学当场昏迷。受伤的同学家长闹到学校，非要学校开除他才罢休。小峰的父亲恨铁不成钢，狠狠地说："你就不学好吧，到监狱里我们就省心了！"

　　于是，小峰更加破罐子破摔，学也不上了，整天泡网吧玩游戏。他的父母实在看不下去，流着泪找到了一个教育专家，求他挽救他们的儿子。专家了解情况之后，要求他们做父母的，从此抛下孩子不成器、没出息的想法。多发现孩子身上的优点，多给孩子鼓励，多对孩子讲他们对他的美好期望。然后要他们给孩子重新联系一所学校，到一个全新的环境中读书。最后，要求他们在联系了学校之后，能让专家和孩子的新班主任谈一谈。

　　他们按专家的要求做了，专家也见到了孩子的新班主任，于是把对小峰父母的要求又对老师说了一遍，要求老师尽可能地鼓励孩子，而不是讽刺挖苦他。

　　第一天上学，小峰像个浪荡公子，晃着膀子就进了教室，坐在课桌旁，课本都不往外拿。但老师很有耐心，一直没有批评他。快到中午放学的时候，老师突然发现小峰坐直了身子，表情很认真的样子。老师知道，他肯定不是在听课，也许他只是趴累了，换一下姿势而已。但是，老师还是抓住这个机会，停止讲课，微笑着看着大家："同学们，我知道大家学了一上午，到中午快放学的时候一定都累了，可是你们看人家小峰，还是坐得那么直，听得还是那么认真。看得出来，小峰同学是一个严格要求自己的人，我们要向新同学学习啊！"大家把目光都转向小峰，小峰愣了一下，随即面露难为情的样子，但直到放学，他的身子都是直直的。而且，此后他上课的态度也认真了许多。

老师继续依照这个方针，不断发现小峰的优点，不断地鼓励他。结果，孩子一天比一天懂得约束自己，身上的优点也就越来越多。半年不到，他已经彻底告别了过去的自己，成为一个老师和家长眼里真正上进好学、明理懂事的好孩子。

这就是鼓励的作用，它可以激发一个人内心潜在的巨大的上进心和自信心，进而改变一个人的一生，这一点并不是故弄玄虚。

听到"鼓励可以改变一个人的一生"，有的老师就担心，关乎一个人一生命运的事情，我能做好吗？其实，再简单不过，有几点建议送给各位老师：

第一，善于发现学生身上的闪光点，并及时把鼓励送给学生。每个人都有优点，哪怕学习成绩再差、纪律性再差的学生，也都有可贵的长处。老师要用寻宝一样的眼光去发现学生身上的可贵之处，要把眼睛想象成显微镜，无限放大学生的优点、长处。学生取得的每一次进步，就算是极其微小的进步，学生付出的每一次努力，就算是极其微小的努力，老师都要看在眼里，然后毫不吝啬地鼓励他。

教师可以有意识地将激励的功能与日常的教育、教学行为结合起来，把激励性的语言日常化，通过经常的、及时的表扬和鼓励，促进学生的成长。

第二，鼓励要发自内心，不能敷衍，不能只为了表现出自己是一个善于鼓励学生的老师，或者因为了解了鼓励的作用，只为了获得鼓励后的结果，所以"例行公事""走过场"，嘴里说着鼓励的话，脸上却是麻木的表情。对于学生来说，这样的鼓励不如没有。轻者会让学生认为：老师的鼓励不过如此，然后我行我素；重者会让学生感到自尊心受到挫伤，认为老师是在说反话，看似在鼓励自己，实际是贬损自己，反而挫伤了学生进取心。既然是表扬、鼓励学生，教师就要充满真诚，发自内心，带着骄傲的神情，让学生看到你的确在为学生的优异表现而激动。如此，才会感染学生，产生强大的激励效应。

第三，鼓励要本真，不能因为要让学生看到自己的骄傲和激动就如演话剧一般，满嘴溢美之词，甚至夸大其词地吹捧。这样会使被鼓励和表扬的学生会感到难堪，无法坦然接受，其他的学生则会对被表扬和鼓励的学生产生意见，或者对老师产生意见，认为老师偏心。

第四，教育离不开赏识，也离不开批评。只是一味地鼓励学生，却对孩子身上的缺点、犯下的错误视而不见，对学生并无益处。

学生喜欢鼓励，教师就要毫不吝啬地给予。批评是学生不喜欢的，教师就不做吗？当然要做。不过可以转换一下方式，试着用微笑传达教师对他们的批评，即在批评中有鼓励。这样，既可以对学生的错误加以引导，又保护了学生的自尊。比如，一个学生往刚刚扫过的地上扔了一个纸团，纯粹的批评无非板着脸："你怎么这么不自觉，没看到别人刚把地扫干净吗？太不懂事了！罚你扫地一周！"而带着鼓励的批评则是另外的景象："我知道你不是故意的，老师了解你，在我看到纸团的时候，你肯定早在心里想：我赶紧把地扫干净，是吧？"这样既有批评，又表达了对学生的期待，学生自然是又愧疚又感激。

在一个人的成长过程中，没有比自信更重要、更能让人快乐的了。而要学生保持自信，重要的是教师要通过鼓励来帮助学生建立积极的心态。赏识，会让学生把人性中最美好的一面表现出来；鼓励，会让学生把内心最乐观的一面展示出来。对学生来说，鼓励是何等重要！

学会鼓励学生吧，会鼓励的教师更受欢迎。

维护学生的自尊

有一个乞丐跪在地铁通道摆着铅笔摊乞讨。来了一个商人，丢下一美金，匆匆离去。过了一会儿，这位商人又跑回来，认真地对乞丐说："咱们都是商人，都是卖东西的，我刚才付给了你一美金，没拿东西，现在我要拿走。"说着，他蹲下来，挑了几支铅笔走了。

商人的话，让乞丐大为震动。他第一次听到有人称他"商人"，第一次听到有人说他"卖东西"，他一下子找到了做人的尊严。他迅速站立起来，掸掸身上的土，开始认真经营起他的铅笔摊。经过几年的努力，他成了名符其实的商人。一次，他衣冠楚楚去参加一个商界聚会，在那里，他见到了那位商人。他毕恭毕敬地走过去，深深地鞠了一躬，充满感激地说："谢谢，先生！是你让我找回了尊严！"

一个人心灵的世界是靠尊严支撑的。对待孩子，没有比保护他的尊严更重要的事了。

有一位老师讲过一个她亲自经历的感人故事：

他叫小晨，很聪明，但课上只凭自己的心情回答老师的问题。那是一节语文课，我正在很投入地范读课文，只听桌椅作响，抬头一看，小晨已经站起来了，正向后桌的女生发动着猛烈的进攻。见此情景，我连忙冲过去加以制止，问清缘由。原来，后桌的橡皮经常掉在他的椅子上，开始他帮助拾了几次，以后便失去了耐心，于是"扣留"了橡皮。后桌穷追不舍，他便恼羞成怒，起而攻之。本来我是要训斥两句的，可看着他噘得高高的嘴巴和翻得几乎看不见黑眼球的眼睛，我明白，责罚只会激发他的倔强，使问题更难解决。于是我灵机一动，来个缓兵之计，和蔼地对他说："她上课玩儿真是不应该，你能热心帮助同学，老师非常高兴，但方式是不是不太恰当？下课我们谈谈好吗？"他什么也没说就坐下了，但表情缓和了许多。下课后我找到他，还请他做我的助手，发挥他聪明、学习好的优点帮助其他同学，也为我能多表扬他创造了机会。

一切进展得都很顺利，他和同学的关系也日趋融洽。可一天中午，突然有五六个学生来到我面前告他的状，说他弄断了拖布杆。他也紧随其后告值日生的状，"罪名"相同。我想：一定有人在说谎，而说谎是因为他们觉得弄断了拖布杆是件很大的错事，而且一定会挨批评丢面子。于是我打断了他们的争辩，轻声说："不就是拖布杆断了吗？没关系，木头用时间长了自然会断的，在哪儿？怎么断的？"原来，小晨并不是值日生，中午自己坐不住，偏要跟着去洗拖布，挤水时用力过猛弄断了拖布杆。可他并不承认，我也不急于说他的错，只是让他们小声地、详细地讲述经过，在几轮反复和争执之后终于"真相大白"，他不得不把自己弄断拖布杆的经过说出来。面对这个弄断了拖布杆又公然"撒谎"的孩子，怎么办？批评？俗话说：伤树不伤根，伤人不伤心。这么小的孩子，在全班同学面前"指控"他多项"罪名"，他的自尊心怎么受得了呢？我的心为之一动，转而深情地望着他，真诚地说："小晨，虽然拖布杆断在你的手里，但我并不批评你，我还要表扬你！"小晨听罢，抬起头惊异地望着我。我转头问学生："你们知道为什么吗？"这时同学们在我的提示下开始找他的优点：比如他是帮助同学值日才去洗拖布，拖布杆本来就要坏了，断了也不能全怪他，等等。"对呀！也许老师去洗拖布，拖布也会坏在老师手里呢。只要不是我们故意破坏，坏在谁的手里又有什么关系呢？可是，在这件事上，大家又都有错，你们现在认识到了吗？"责任已经卸掉了，说起话来也就轻松多了，同学们有的说不该责怪小晨，有的说不该只想推掉自己身上的责任，这样太自私。小晨慢慢地说："我也不对，弄断了拖布杆我没主动承认……"就这样，一场风波又在"爱"的大伞下平息了，既使小晨认识了错误，又没有丢他的面子，保护了他的自尊心，我的心里也喜滋滋的。

而且更让我不曾想到的是，这个不合群、对集体活动很冷漠，甚至有一些自私的小家伙竟然参加了班级的小干部选举活动，还准备了热情洋溢的演讲稿。而且在与一名很淘气的同学的票数一样的情况下，他竟然主动把机会让给了别人，还对我说："他比我更需要这个机会。"让我感动得几乎要流泪。

尊严是人类灵魂中不可糟蹋的东西。有一位作家曾经说过："人受到的震动有种种不同，有的是在脊椎骨上，有的是在神经上，有的是在道德上、感受上，然而最强烈的、最持久的则是在个人的尊严上。"一个从小失去尊严的孩子，长大后很难堂堂正正地做人，也很难拥有健全的人格。

一般来说，人格是"引导一个人做出善行的内在品质"。少年时期，人格教育十分重要，它可以开发人的良知和才能，使其身心得到全面锻炼，从而去实现成功人生的理想。如果孩子的人格从小受到伤害，那对他的一生都会有恶劣的影响。

谈到少年犯罪，巫昌祯说过："要告诉教师和家长们，孩子犯了罪，不要抛弃他、歧视他，更不能把他推到社会上去，那实际上是把孩子往火坑里推。挽救犯罪少年，不但要靠社会的教育，更要靠教师和父母的爱。"

一个人从小没有受到社会公正的对待，便很难公正地对待社会；如果一个人从小能够受到社会公正的对待，便能够公正地对待社会。

为学生的自尊撑一把伞吧，那样你会赢得整片晴空。

捍卫学生的权利

曾听一个人讲过他的故事：

我在国外的一位朋友有一个四岁的小女孩。一次，这个小
女孩对我说："兔子最可爱了。"

我逗着她说："不，小猫更可爱。"

她点了点头就走了。

我又追问她："到底是你对，还是我对呢？"

她说："你有你的看法，我有我的看法嘛。"

四岁的小女孩能够有这样的想法，的确很了不起。许多大人都不见
得明白的道理，竟然被她一语道破：每个人都有不同的看法，每个人也
都有发表意见的权利，你不必附和或同意别人，但你必须尊重别人表达
或保留意见。

但是，许多教师不能做到这一点。以选三好生为例。既然是"选"，
就应该由学生来选举，然而，在某校的一次班主任会议上，我却听到了
这样一段对话——

某班主任："唉，我班的学生太不像话！选三好生时，净选
些我不喜欢的娃儿；我喜欢的，一个都没有选上！"

某校长："怎么能让学生选三好呢？注意：应是评三好生，
而不是选三好生！"

某政教主任："其实让学生选也是可以的，只是选了以后由
班主任统计选票，作内部调整，然后公布结果。反正学生又不
晓得！"

听到这里，我惊愕不已：这岂止是不尊重学生，简直就是对学生的欺骗！

当然，这几位教育者未必是存心欺骗学生，他们也许是想扶正压邪，让真正的三好生脱颖而出。但是，以剥夺学生选举权来纯正班风，其班风决不可能因此而纯正起来。这样做的结果，只会扭曲学生心目中已形成的健康的道德观念，败坏我们神圣的教育！

以上几位教育者的话也许并不具有代表性，但类似的认识却不能说没有一定的普遍性。对于三好生（包括班干部）的确定，不少班主任总习惯于自己说了算。在他们看来，学生懂什么，难道老师看中的人不是好学生吗？不应该受到其他学生的拥戴吗？

正因如此，我们才要大声疾呼——请尊重学生的选举权！

尊重学生的选举权，有利于培养学生的是非判断能力。在选举的时候，学生庄严地举起右手或交上选票之前，他不能不严肃地思考：什么是真正的"三好"？班上哪些同学才真正值得我敬佩？教师为学生提供这样的思维过程，便是给了学生一次自我教育的机会，学生的是非观念、道德观念正是在这一次次实践（比较、辨别、判断）中逐步形成的。若一切都由教师内定，这些便都不存在了。久而久之，学生会产生一种依赖思想：反正一切有老师，好与不好当然是老师才有发言权，我们学生总是幼稚的！试想，这样的学生怎么可能建立起高尚而坚定的社会主义道德信念？

尊重学生的选举权，有利于强化学生的集体主义主人翁责任感。集体主义情操的培养应是中学德育的核心。而班级集体主义教育不应仅是纯观念的教育，也应该是集体主义行为的训练。班级一切活动都是学生形成集体主义观念的良好途径。其中，让学生对班级建设发表自己的看法，让学生对同学作出自己的评价，便是让学生切身体验班级主人的责任感。对三好生、班干部的选举，决不仅仅是让少数学生感到一种荣誉，而是让每一位投票者感到自己对集体义不容辞的责任，感到作为集体主人翁的神圣与自豪！若剥夺了学生的选举权，则无疑是在无声地告诉学生：班里的事与你有什么相干？这样，教育者平时"苦口婆心""语重心长"的集体主义教育便被自己不知不觉地否定了！

尊重学生的选举权，有利于鼓励三好生、班干部更好地为同学服务、为同学负责。既然三好生、班干部是由全班大多数同学确定，那么，想当三好生、班干部就应该多为同学服务，接受同学监督。这样产生的三好生、班干部，才会真正受同学们拥戴，当选者也才真正感到自豪。若学生对三好生、班干部的产生没有影响力，那么班级舆论实际上是在鼓励虚荣心与投机者：只要在教师面前表现乖巧些，就能获得荣誉。这样，教育者所深恶痛绝的表里不一、两面三刀、投机取巧等现象便很容易产生。

有人也许会问："这样看来，班主任就只能听命于学生了？教育者的主导作用又从何体现呢？"

教师的主导作用当然要体现，尊重学生的选举权也决不是"一切听命于学生"。但"主导作用"重在"导"——开导、疏导、引导，而非"一手包办"地"领导"。教师对学生的引导主要在平时大量的，各方面的，或理直气壮，或潜移默化的教育，这些教育集中到一点，就是要让学生懂得辨别美丑、善恶、是非的道理，并把这种道理转化为植根于心灵的道德信念。我不否认前面那位班主任所说的他班发生的不正常选举现象出现的可能性，但这恰恰暴露出这位班主任平时的教育失误。面对是非颠倒的选举结果，他不应剥夺学生的选举权（这样实际上是把自己的责任统统推给学生），而应设法造就一个良好的班风。在集体舆论健康的班级里，至少大多数学生的道德评价、是非判断与班主任是一致的，班主任也因此坦然自若地尊重学生的选举权。表面上看，教师对学生的选举"放任自流"，实际上教师已通过平时的教育引导不露痕迹地决定了正确选择——教育者的理智与艺术正在于此！

至于"让学生选了之后，班主任自己统计选票，作内部调整"的"妙计"，则属于典型的"虚伪的民主"，这不仅是每一位有良心的教育者所不能接受的，更是我们的民主教育所不能容忍的！

伏尔泰说过："我不同意你说的话，但我会誓死捍卫你说话的权利。"同样，"我不同意你选出的三好生，但我誓死捍卫你的选举权。"为师者，切记切记。

倾听学生的心声

我们先来看两则故事。

故事一：

> 美国知名主持人林克莱特有一次访问一名小朋友。
>
> 林克莱特问："你长大后想当什么呀？"
>
> 小朋友天真地回答："嗯——我要当飞机驾驶员！"
>
> 林克莱特接着问："如果有一天，你的飞机飞到太平洋上空，所有引擎都熄火了，你会怎么办？"
>
> 小朋友想了想，说："我会先告诉坐在飞机上的人绑好安全带，然后我带上我的降落伞先跳出去。"
>
> 当现场的观众笑得东倒西歪时，林克莱特继续注视着这孩子。
>
> 没想到，孩子的两行热泪接着夺眶而出，这才使得林克莱特发觉这孩子的悲悯之情远非笔墨所能形容。
>
> 于是林克莱特问他："为什么要这么做？"
>
> 小孩的回答透露出他真挚的想法："我要去拿燃料，我还要回来！我还要回来！！"

故事二：

> 一位年轻的妈妈和她4岁的儿子陪着她的父亲一道去春游。儿子口渴了，妈妈从背包里拿出两个苹果，要儿子给外公一个。没想到儿子将苹果拿到手后，在两个苹果上面分别咬了一口。见到孩子这样，母亲心里很不是滋味，平常自己太疏于管教了。
>
> "妈妈！"儿子话刚出口，看见妈妈狠狠地瞪着自己，于是

将要说的话咽到肚子里去了。

外公知道孩子这样做一定有他自己的道理，便紧紧抓住孩子的手，笑容满面地问道："乖孙子，告诉外公，你为什么将两个苹果都要咬上一口？"

孩子两只黑葡萄般的眼睛忽闪忽闪着，满脸童真："因为……因为我想把最甜的一个给外公。"

外公笑得更开心了。母亲的眼里隐隐闪烁着泪花。

听到别人说话时，你真的听懂他说的意思了吗？让孩子把话说完，了解孩子的真实想法，不要把自己的想法强加在孩子身上，就会发现孩子是多么的可爱。所以，你不但要听，而且要学会"倾听"。可惜，许多人包括教师都做不到这一点，我们每天都在听，可是不一定在倾听。

听与倾听不同。听是一种生理过程，是"声波在耳膜上的震动和电化脉冲从内耳向大脑中枢听力系统的信号传递"。听是入耳，但不一定入心，别人在说话，你听到了，别人说的话仅仅是一种声波和信号，与马路上的汽车喇叭声，窗外的鸟叫声本质上没有区别。

而倾听则不同，是入耳又入心的生命活动，只有人类才会倾听。倾听是一种身心两方面共同的活动。倾听为什么会比较疲劳？因为倾听必须集中注意力，而且要让听到的内容与自己的认识和知识结构进行比照，并与讲话内容发生冲撞或融合。只有产生冲撞或融合了，听到的内容才对你有意义。倾听是一种人类特有的有意义的活动，当你认为别人的讲话对你有意义时，才不会坐立不安，还有可能忘记肉身的存在，忘记了疲劳。

学会倾听是十分重要的，因为倾听是交流的第一技巧。专家指出，在工作中取得成功的人士，有八成是依赖于倾听别人说话或让别人倾听。一名成功的教师也是如此，倾听是教师的日常工作之一，如果没有倾听，教师怎么可能理解他的学生，又怎么教得好书？

倾听是一种交往技术，更是一种美德。善于倾听的人身上有一种善良的天性和善解人意的特质，这种力量能赢得人们对你的尊敬和爱戴。

倾听是一种个人能力的综合表现，是对注意力、记忆力、理解力、想象力、思考力等智力因素的挑战和训练。

　　倾听是一种丰富情感的表现。很难想象，一个感情麻木，心灵冷漠的人会倾听。倾听是一个逻辑的归纳、综合、演绎的过程，更是一个情感投入的过程。

　　倾听可以使人的心智越来越发达，我们没有理由不倾听。

　　有心理学家指出倾听是"一门失传的艺术"，说倾听是"艺术"，因为倾听是倾听者的创造性劳动。说倾听"失传"，是心理学家认为很多人已不那么乐于和善于倾听了。人们不能正确倾听的原因有以下几点：

　　其一是精力不够集中，精力不集中是无法倾听的。生理和心理因素都可能导致精力不集中：生理上的原因主要是体力上的，体力不支使精力不易集中，有些人的认知风格也会导致精力不集中，比如他一向更适合于通过阅读而不是倾听来与外界交流或获得信息。如果注意力不集中是因为生理问题，那我们应该表示谅解。

　　有些精力不集中则是由心理问题造成的。比如有些人习惯性地走神，如果这些人平时注意训练自己的注意力和意志力，那么这种情况就不会发生。

　　其二是听别人讲话时太集中关注了细节，错过了要点。比如，在听讲演时，讲演者为了吸引听者，要经常在讲演中穿插一些故事、笑话，或为了进一步证明观点，需要引用很多材料，但是讲演中引述的那些故事、笑话或材料是为观点和讲演内容主干服务的，如果只被这些次要信息吸引，却错过要点，说明你的听讲能力有待提高。

　　其三是习惯于主观武断地听讲。有时我们过于相信自己，相信只要说话者一开口就知道他所要讲的话是什么意思。过于相信了自己以后，我们就不太愿意听他们实际想说什么。如果一开始我们就假定一个人的话或思想是无聊的没有意义的，那就不会耐着性子倾听了。太带有主观性的先入为主的听法是听者与讲者的错位。

　　其四是太注意讲话方式和个人外表、口气、习惯，而忽视了内容。

虽然讲话者可能不漂亮,普通话不标准,姿态不好,甚至你平时和他有过节,但这都和你的倾听关系不大,千万别受这些因素干扰。

学会倾听吧!

一个愿意倾听并且善于倾听的教师会让学生感到亲切,学生愿意跟他交谈,使师生关系变得亲密,友好。通过倾听,教师可以增加对学生的了解,了解学生过去有过什么经历、有过什么荣誉,家庭情况怎样,性格是开朗的还是内向的,他崇拜什么样的人?通过倾听,教师可以了解事情的真相,学生的真实想法,减少误会,使教育有效。通过倾听,教师能及时了解到学生对教师教育、教学方法是否适应,对教师言行有什么看法,他们最满意自己的是什么?不满意的有哪些?教师可以及时做出调整,满足学生的要求,建立和谐的师生关系。倾听也是一种鼓励方式,能提高学生的自信心和自尊心,加深彼此的感情,激发了学生的学习热情与责任意识,有助于取得更好的教育效果。所以,教师没有理由不倾听。

珍藏学生的秘密

每个人内心深处都有自己的秘密，不管这秘密是"好"是"坏"，都是我们深埋内心，不愿让人知晓的，尤其是那些因为一时糊涂而做出的，可能伤及我们自尊和人格的"傻事"，我们更宁愿让它沉睡在内心最深处，直至海枯石烂，孩子也不例外。所以，教师，请守住孩子的秘密。

我们先来听一位小学教师讲述的故事。

记得有一次，学校在开学初收取各种费用，在课间，我把收上来的几个学生的30元油印费随手夹在了教科书里，接着又给学生上了一节课。由于我的粗心，下课后我把课本遗落在讲桌上了，30元钱因此不翼而飞。下午，我给学生上了一堂"诚善为美"的班会课。下课前，我对全班同学说："诚实的心灵比金子还可贵，王老师今天把夹在书里的一样东西弄丢了，我希望无心'拾到'它的同学，在没有人的时候给王老师夹回到书里。"于是我又把教科书留在了讲桌上。等到放完学我给班上的门上锁时，发现讲桌上的教科书里平躺着30元钱。第二天早上，我在班上对同学们说："昨天，一位同学帮老师找回了遗失的东西，我感谢他，我相信，这位同学不仅找回了这些东西，也找回了他自己遗失的诚实。"我的话音刚落，全体学生都为这不知名的勇者鼓起了掌。

几天过去了，一封夹在作业本里的信又使我想起了那天的事。小涛在信中写道："王老师，那30元钱是我拿的。这几天，我的心理特不踏实，我恨自己，气自己，我一直都是您器重的学生，您是不是对我也很失望啊？上个星期，我和同学去书店，看到了《鲁滨逊漂流记》这本书，回家跟妈妈一说，她坚决反对给我买，说是怕我看课外书影响学习，可我真的很喜欢，所以，我就……您不知道，那天我是怎么过来的，想到您平时对我们的教导，看到您那循循善诱的目光，我真的不允许自己这样做。于是我又把钱夹到了书里。事情虽然已经过去了，但这几天我一直不敢抬头看您，我不能原谅我自己，王老师，您能原谅我吗？"这是一个孩子发自肺腑的诉说，于是我在下面写下了这样一段话："小涛同学，老师为你而骄傲！你勇敢，你诚实。同时，老师也很感动，你能把我当成朋友说出心里话，让这件事成为我们两个人的秘密，永远的秘密，好吗？"第二天，我把小涛叫到办公室，将一本崭新的《鲁滨逊漂流记》递到他手里，当他双手接过这本书时，我看到的不仅是他满面的欣喜与安然，还有眼里闪烁着的晶莹。

现在，这个学生已升入初中，每年的春节都会打电话给我，他告诉我，那本《鲁滨逊漂流记》他一直保存着，而且摆放在书桌最显眼的位置上。

没有不犯错的学生，从积极的角度处理有过失的学生，保护学生的自尊心，是教育智慧的体现，也是一位教师受学生欢迎的必备条件之一。

记住，学生不是我们的仇人，需要我们时时揭发，他们是我们应该保护的人，不仅在生理层面，还要在心理层面。

珍藏孩子的秘密吧，没有秘密的孩子长不大。

善待学生的耍"酷"

说不清从什么时候起，我们身边突然刮起了一阵"酷风"。尤其是在孩子们身边，"酷"成了一个使用频率极高的字眼。

看到一场精彩的演出，他们崇拜至极——"哇噻！好酷啊！"见到同桌拥有前卫的玩具，也说一句"呀，你真酷"。最近，六年级的班主任刘老师就遇到这样一件头痛事。

早晨进校，她就遇到学生小芸的妈妈向她诉苦："刘老师，你发现小芸最近学习有没有变化？她一天到晚崇拜这个歌星、那个影星，还说班级里很多同学都买了影星的最新专辑，买了名牌的学习用品，一直跟我嚷嚷呢。每天做作业都没有心思，一边听流行歌曲，一边做。"竟有这样的事情？刘老师有点儿惊讶。转念一想，前些日子在学生的家庭作业本上是发现了许多影星的贴纸，她一直以为只是孩子街上买来玩玩而已，没有意识到有这么严重，莫非是影视作品看多了的缘故？她决定去班级里调查一下。

午饭后，刘老师暗中在教室里观察，啊！自己真是粗心，很多同学穿着打扮上已经有了变化。瞧，许多男生的手腕上、手指上莫名地戴上了许多饰品；女生呢，也有类似的现象，午间总爱挤在一起，听什么MP3，难怪部分孩子的学习成绩最近有些下滑。怎么办？刘老师思前想后，觉得不能一味地批评他们。孩子崇尚一切美好的事物是不错的。但是，他们对于什么是真正的"酷"还不是很懂，仅仅是外表上的模仿。该如何正确引导他们？她急中生智，决定第二天的班会课就跟孩子讲讲"酷"。

班会课上，刘老师在黑板上写了一个大大的"酷"字。"同学们，最近老师发现大家对这个字非常感兴趣，我也非常感兴趣，大家一起来交流交流吧。你是怎么理解'酷'字的，在我们学习生活中，哪些是酷的表现呢？"

一开始，大家你看我，我看你，都不敢说。小宇同学第一个站起来："酷就是非常好，是令人惊讶、羡慕发出的赞叹，是非常棒的意思。我发现影星买一些时尚的饰品，戴在身上，有点耍酷的样子，所以有些同学就模仿他们。"刘老师点点头。

小周说："酷是引领时代潮流的标志。在我的心目中，酷是一个十全十美的称号。能称得上酷，一定要帅，要俊，能在眉宇间透出几分英气。并不是什么都要好，但一定要有一技之长。然后要有正义感，能行别人不敢行之事，能言别人不敢言之语，要有一些新颖之举，有些别具一格，有些叛逆精神。最后，要有一种朝气蓬勃的气质，并不做作。"刘老师没有想到，孩子居然这么厉害！

是呀，并不是每个人都有资格和条件称得上酷的。她说，"那么，你觉得我班哪些同学非常酷？请小组进行讨论，等一会儿每组推荐一个代表起来发言"。

孩子们在教室里叽叽喳喳，很是热闹，刘老师走到孩子们中间，参加他们的讨论，原来在孩子们眼里，这些都是酷的表现：

小超朴实的外表下是横溢的才华，他上知天文，下知地理，琴棋书画样样精通，能说会道，熟读文学名著，出口成章，读书节上的精彩表现令大家刮目相看。

小译是校拉丁舞队队员，舞跳得很好，在江苏省青少年拉丁舞比赛中已获得了许多奖项。他本是一个小帅哥，很引人注目。他对同学很友好，同学都请他教跳舞，他总是不厌其烦地教。他还喜欢体育运动，跳绳是班级之冠。一般的同学在班级接力比赛中总会失手，可是他轻松得很，有时不但很快地跳过去，还在空中做了一个360°的大转弯这样的同学真的很酷！

小胜也很酷，他的家庭条件好，身上穿的衣服都是名牌，同学们都称他酷哥。但这不是主要理由，而是因为他很善于帮助同学，在开学初班级扶贫济困活动中，他把积攒了196天的零花钱全部捐给了贫困同学，同学们看到他把储蓄罐里的钱都掏空了，非常佩服他，因为他在帮助同学。

谈话中，刘老师发现很多孩子理解的酷不仅仅是家长所说的物质上的追求，孩子们已经懂得怎样才能真正做一个"酷"的人。刘老师觉得今天的班队课上让孩子说一说、辩一辩，把自己内心的感受说出来是有好处的，孩子在这样的氛围中交流至少明白了一点，不能靠外表上的模仿追求美好的东西，内心的美好才更吸引人。

有人说："教师的眼光总是那么挑剔，对于孩子的优点和成绩，往往视而不见；对于孩子稀奇古怪的想法，往往会戴起放大镜。"可是，孩子们有自己的世界，走进他们的童心世界，也很有趣。如果你平时遇到这类事情，你会怎么处理？刘老师的做法值得我们每个教师反思。

1．学会接纳孩子

当孩子出现盲目地崇拜明星或者成为一个"追星族"的时候，教师要学会接纳，切不可一味地加以否定，或者持先批评教育一顿的错误想法。像案例中的刘老师没有轻易去批评孩子，而是从容应对。

2．要学会用孩子的眼睛去观察世界

其实在人人眼里，酷是一种内在心境体验的自然外在流露。喜欢一些新颖、时尚、新潮的东西，不仅仅是大人的专利，小孩子也一样。凡是美好的东西，启迪人心灵的东西，孩子称之酷也无妨。关键是要重视方法上的引导，帮助孩子走出认识上的误区。像案例中的刘老师，利用班会课，让孩子之间先交流，再来解决问题就是比较好的做法。

3．教师要与学生共同成长

随着时代的发展，一个个新词出现在学生的口中，对此，教师不必大惊小怪。重要的是要适时引导他们、启迪他们，让学生明白不可盲目地模仿影视明星，如果把主要精力放在追星上，荒废了学业，那就耽误大事了。教师要引领孩子品读名著，完善自我，丰富他们的精神世界，真正提高他们的审美能力。

在平等中培养平等

全国优秀特级老师李镇西讲过一件事：

> 课间休息，一女生来到办公室："李老师，我想借个杯子喝水服感冒药。"我坐在椅子上，用手指了指角落的书柜："喏，第二格抽屉里有，自己拿吧！"学生找到杯子，自己倒开水服了药，说："谢谢李老师！"然后走了。
>
> 上课了，是作文课。学生在下面写作文，我在讲台上批改作业。这时，手中的红色圆珠笔没油了。于是，我轻声地问前排学生："谁有红色圆珠笔，借来用用？"虽然是轻声，但许多学生都听见了。于是，坐在前几排的学生都争先恐后地从书包里拿出文具盒，然后以最快速度打开，找出圆珠笔，他们纷纷把握着笔的手伸向我："李老师，用我的笔吧！""李老师，用我的！用我的！"每一双眼睛都充满了真诚的渴望。还是那位课间向我借杯子的女生反应敏捷，坐在第三排的她几乎是小跑着上前，把笔递到我的手中——在递到我手中之前，她还细心地将笔芯旋转了一下，把原来的蓝色旋转成红色。

尽管不一定每一个学生都向教师借过杯子，但我相信大部分教师都曾向学生借过笔，并享受过学生争先恐后递笔的热情。

我们需要思考的是：为什么学生向教师借杯子，教师想都没有想过亲自把杯子递给她呢？而教师向学生借笔时，为什么学生没有对教师说：

"喏，文具盒里有，自己拿吧！"

因为在教师的潜意识里，学生毕恭毕敬地把笔递给自己，是理所应当的，因为他们是学生；教师把水杯毕恭毕敬地递给学生，则是有失体统的，因为自己是教师。

可是，为什么会这样呢？

一切都源于根深蒂固的潜意识：师生是不平等的。

既然民主同时也是一种生活态度，那么这种态度在日常生活中，更多的是表现为人与人之间的平等。让学生从小在心灵深处确立平等观念并在日常生活中表现出这种"平等"，这是我们教育的分内之事。我们要让学生认识到，现代社会生活要求人与人之间拥有人格上的独立与平等，还要让学生了解公民之间权利与义务的平等性，以及在法纪面前的一视同仁，懂得尊重、维护自身与他人权利的道理。努力使学生具备尊重自己，尊重他人，善于交往，善于与人合作，重视各种横向联系的生活态度。

基础教育界流行一句话："蹲下来和孩子说话。"这对于过去教师站在讲台上俯视学生无疑是一个进步。但"蹲下来"的本意主要不是指"肢体的蹲下"而是"心灵的蹲下"，即教师要在心灵深处平视学生。这里需要说明的是，所谓"蹲下去和孩子说话"不应该被视为一种"更高境界的师德"——如果"蹲下去"纯粹成了一种姿态，那说明教师的心并没有"蹲下去"，所谓肢体的"蹲下去"不过是居高临下的"平易近人"而已。

这样说，是想特别强调这样一个观点：师生之间的平等关系，不仅仅由教师的所谓"师德"决定，也是教师职业特点所蕴含的必然要求。教师在从事教育或教学时绝不可能是单向的，因为他面对的是同样有着思想感情和精神世界的"人"，所以教育的实施必然是师生双向互动。教师必须有赖于学生多方面合作——即使是一种被动合作，也可能完成其教育任务。如果学生不配合，教师的教育任务不可能完成。换句话说，教师的教育教学是授受一体的关系，是双向互利性的，而不是一种单向施予。

作为肩负教育使命和引领责任的教师，当然应该在思想上比学生更成熟、学识上比学生更渊博，但这不妨碍我们拥有一颗孩子般的童心，童心与童心的相遇，才是真正的平等。

对教育者来说，培养学生的平等观念，与其说是煞费苦心的"教育"，不如说是潜移默化的"感染"，即通过教师心灵深处平等意识的自然流露，给学生以"润物细无声"的影响。教师走进课堂，学生起立齐声说"老师好！"教师应该真诚地鞠躬回应："同学们好！"需要帮助的学生被叫到办公室，教师应请他坐下。校园师生相逢，教师主动招呼学生，或者面对学生的问好，教师也真诚地问学生好。课余，教师不妨和学生一起嬉戏娱乐……这都体现出师生尊严上的平等。

在营造班级人际平等氛围的过程中，教师还应注意唤起一些后进生内在的尊严。唤起部分后进生的尊严，是使他们具有平等意识的关键。尽管现在的学校教育大多把学生的尊严体现在分数与名次上，但是，我们应该善于帮助学生发现并发展他自己独特的禀赋与才能，使他们产生"我有着其他人都没有的智慧"的自信与自尊。

"平等"意味着人们在社会上处于同等的地位，在政治、经济、文化各方面享有同等权利，这个权利当然包括受教育的权利。所谓"受教育的权利"应体现在两个方面：入学的权利和在学校接受人格引导、知识传授和能力培养的权利。对前者，人们一般都比较关注；而对后者，人们却往往忽视。在不少人的心目中，只要学生进了学校，他受教育的权利就已经得到了保障和尊重，但事实上并非如此。

如果说，适龄儿童入学权利的保障，更多的是取决于当地的经济发展水平和政府对教育的重视程度的话，那么，在校学生是否真正享受平等的受教育权利，在很大程度上取决于教师是否真正平等地尊重每一个学生。

要让我们的学生意识到，人与人之间的智力、才能、学习成绩、性格特点、家庭经济情况等存在着客观差别，但每个人的尊严和权利都是绝对平等的。平等只能在平等中培养——今天的教师如何对待学生，明天的学生就会如何去对待他人。

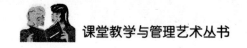
欣赏的力量——相信你能行

曾听一个朋友讲过一件事：

一天晚上，我在医院陪伴住院的妈妈，出来已经快到午夜12 点了。我打了辆车，希望早点儿到家，赶上电梯，不然的话，我就要自己爬上 13 层楼。

上了车，第一个感觉是干净。我不禁赞叹道："呀，这车可真干净！坐这样的车真舒服！"

"那当然，咱就是干这个的嘛！"司机一边开车，一边回答。知道我赶着回家，他走了条近路。

"您对北京的道路真熟悉，这样我能赶上电梯了。"

"那当然，咱就是干这个的嘛！"

"您的服务态度真好，坐您的车可真有福气！"我发自内心地感谢他。

"那当然，咱就是干这个的嘛！"

下车的时候，应该付 11 元钱，可实在找不出零钱，司机只收了 10 元。我连忙地说："真抱歉，本来晚上就挺辛苦的，您还少收了钱，这可怎么好……"

"不要紧，欢迎您再坐我的车。"司机说完哼着小调开走了。

你看，得到了别人的欣赏，证明他的服务让人满意，司机是多么的开心！

渴望被欣赏是人的一种基本精神需求，在社会生活中，每一个人都渴望得到别人的欣赏，每一个人也应该学会去欣赏别人。欣赏与被欣赏是一种互动的力量之源，欣赏者必抱有愉悦之心、仁爱之怀、成人之美；

被欣赏者必产生自尊之心、奋进之力、向上之志。可见，学会欣赏应该是一种做人的美德。

对人的教育，尤须重视这一"欣赏效应"。美国一位心理学家做过这样一个试验：他将学生分成3组，他经常对第一组学生表示赞赏和鼓励，对第二组采取不管不问、放任自流的态度，对第三组则不断给予批评。试验结果表明，被经常赞赏和鼓励的第一组学生进步最快。

21世纪提倡素质教育，学生掌握知识的多少已不再是教学的重点，重点是要激发学生的学习兴趣和积极性，培养学生学会学习的方法，养成良好的学习习惯。

赏识教育的态度模式是"爱"字，使学生在学习中得到赏识，积累信心；赏识教育的行为模式是"导"字，使学生在赏识中获得成功。学生之间的能力存在差异，教师要特别爱护后进生，要给予肯定评价与热情鼓励。我们常说"失败是成功之母"，但对这些后进生来说，"成功更是成功之母"，而对教师来说，教育的本质就是帮助学生成功，教师能力的转化也在学生成功的过程中得以实现。

我们不妨看看下面这个案例：

> 我在小学曾教过这样一名学生，他很"懒"，讨厌做数学作业，拖拉、潦草、"短斤缺两"、错误百出是经常的事情。更糟的是，他好"管"，总喜欢对别人指手画脚，不是检举同学写作业不认真，就是嘲笑同学的作业错误多。但是，他在课上回答问题或考试时却是常胜将军。
>
> 我尝试改用欣赏的眼光审视他、引导他、教育他。首先允许他自愿做作业，可以全做，也可以选做，还可以不做，然后赋予他管教的权力，让他批改和辅导学生写作业，最后由我检查他批改作业和辅导学生的情况，据此替代他的作业成绩和评定他的学习成绩。在我的欣赏下，他的缺点变成了他的优点，"检举别人"变成了"督促别人"，"嘲笑别人"变成了"帮助别人"，

并且他还体会到了以身作则的必要性和重要性，开始主动又认真地做起了作业。

欣赏可以使学生的缺点变成优点，优点变得更优。

教师一定要学会从不同角度去观察、欣赏学生，发现学生的闪光点，应让学生在"我是好孩子"的心态中觉醒，而不是在"我是坏孩子"的心态中沉沦。

1. 以公正的态度欣赏学生

每一个孩子都渴望得到教师的关注和赞赏，教师的一次点头、一个微笑、一句表扬就如同一场知时节的好雨，赋予幼苗向上的信心和生长的力量。如果教师把欣赏的目光、成功的机会只给予个别学生，那么，作为绝大部分学生弥足珍贵的自尊心、自信心必然受创，对教师、对集体的情感也会随之淡化。所以，教师一定要以公正的态度看待学生。

2. 以发现的目光欣赏学生

"世上没有两片相同的树叶"，学生间的禀赋、品性也各有差异。要使学生的潜能在各自的起点上得到充分发挥，教师就必须用善于发现"美"的目光去捕捉、欣赏学生身上的闪光点。

不同的学生需要教师从不同的角度去欣赏。有时，欣赏他们微小的闪光点，比喝斥显著的劣迹更有效。

教师要以欣赏者的身份，把这股"生命的力量"馈赠给学生，一定会有更多惊喜的发现。

信任的力量——你很重要

美国的一所学校，刚刚装修的大厅安了一道门，可是自启用那天起，这道门就不停地被学生踢。学生下课的时候，手捧着足球向外冲，到了大门处伸脚就踢；放学的时候，手里拿着文件夹，背上背着书包，挤到大门处依旧用脚把门踢开……一道新门，没过多久就被踢得伤痕累累，乃至不得不撤换。学校想了很多办法制止学生踢门的行为，讲道理，进行教育，不管用；在门上贴警示语：不要踢门，学生照踢不误。在换了几道门之后，教务长愁眉不展地对校长说："我看，不如换一道铁门。他们不是喜欢踢吗？就让他们踢去，看是他们的脚结实，还是铁门结实！"校长笑了笑说："放心吧，我已经为学生准备了最坚固的门。"可是当校长所说的"最坚固"的门安上之后，所有的老师都哗然：校长安装的竟然是最容易破碎的玻璃门！所有的人都认定：不须片刻，此门必碎无疑。

下课了，学生一如既往地冲向大门，可是奇迹出现了，当他们走到洁净透明的玻璃门前，都不约而同地停下了脚步，然后轻手轻脚地、小心翼翼地推开它，侧身出去后再轻轻关上它。

此后，每个学生经过这道门，都是这样的一系列动作，再没有人用脚来开门。

校长用一道易碎门表达自己对学生的信任，而学生珍惜这份信任，本是易碎的门，反倒成了最坚固的门了。这就是信任的力量。

还是在美国。一位心理学家做过一个测验：他对一所中学一个班的学生进行了名为"预测未来发展"的测验。结束后，他当场公布了他随意抽取的学生名单，说名单上的学生未来具有最佳的发展前途。一年以后，心理学家又来到这所学校调查。结果发现，凡是名单上的学生都有很大的进步，成绩都大大超出其他学生，而且个个开朗活泼，充满了自信。

这与著名的"皮格马利翁效应"如出一辙，说明的都是一个道理：这些学生在学习条件、教学方式及管理等方面与其他学生一样，他们之所以能取得大的进步，是因为他们认为这个权威的心理学家"相信他们具有最佳的发展前途"，这也是信任的力量。

信任，能使人产生强烈的责任感。当一个人受到信任时，他会觉得他的身后有许多人支撑着，有不负众望之心，他就不会被任何重负压倒。

一个人发现自身的价值，往往是通过别人的信任。

信任不仅能激励人，更能教育人。

> 有个女孩丢了50元钱，她知道是班上一个同学拿的，回家问爸爸怎么办，要不要告诉老师是谁。爸爸说，这样不好，拿钱的女孩以后会抬不起头来。你要信任她，她会把钱还给你的。
>
> 第二天老师问起这件事，女孩大方地说："老师，我的钱找到了，是我不小心放错了地方。"
>
> 课后，拿钱的同学把钱还给了她，十分感激："谢谢你这样做。"
>
> 我佩服这位爸爸。他看重的不是50元钱，而是一个活生生的孩子。50元可以害一个人，也可以救一个人。信任可以唤回一个人的良知。

时代在进步，教育方式也在变化。许多教师在培养学生的诚实品质方面，充分发挥了信任的力量。

我还曾听过一个感人的故事：

> 前几天，我们班发生了一件怪事——"讲桌"偷拿了学生的钱，在大家的一通批评教育下，他不仅承认了错误，还把钱还了回来。

那天，李莉突然发现她装在钱包里的十元钱不见了。是谁拿走了呢？学生纷纷议论起来。正在学生相互猜疑的时候，一直站在前面不作声的于老师发了言。

"同学们，大家不要胡乱猜疑了，这首先是对同学的不信任、不尊重。这十元钱，我知道是谁拿的。"

教室里安静极了，大家都瞪大了眼睛。于老师叹了口气，说："这件事是我的讲桌干的，我希望同学们能对它进行批评。"

什么？是讲桌干的？怎么可能呢？可是看看于老师的表情，又那么认真、严肃，真不明白于老师的宝葫芦里装了什么药。

于老师仿佛看出了大家的心思，接着说："请同学们到前面来，告诉这张讲桌你对这件事的看法，对它进行批评教育。"

同学们面面相觑了几秒钟，开始活跃起来。你一言我一语，有的是严厉的批评指责，有的是耐心的帮助教育。

忽然，于老师拍了拍手说："好了，批评教育先到这儿，我看到了，讲桌已经后悔地哭了，你们快告诉它下一步该怎么办吧！"

同学们又活跃起来，有的说："把钱偷偷地放回去，我们还会喜欢你的。"有的说："写一个纸条向李莉道歉，她会原谅你的。"还有的说："要不你就交给于老师吧，她一定会替你保守这个秘密的。"

最后于老师发言："同学们，今天你们都说得特别好。我想，这张讲桌一定会吸取教训，尽快改正错误的，谢谢你们给了它一个机会，一个找回诚实、找回自尊的机会。"

你知道吗？这张讲桌真地改正了错误，第二天李莉在书包里发现了讲桌"交"回来的十元钱，同学们都说："咱们的于老师可真有办法！"

于老师的确很高明，她能巧妙地处理这件事，根本原因是她信任她的学生。

信任是美丽的，信任是无价的，世界因信任而精彩，教育因信任而辉煌。

让我们在信任的路上，用心开垦这一片芬芳的园地，共同创造教育的奇迹！

发现的力量——你就是奇迹

  一个穷困潦倒的青年，流浪到巴黎，期望父亲的朋友能帮自己找一份谋生的差事。父亲的朋友问他："精通数学吗？"青年羞涩地摇头。"历史、地理怎么样？"青年还是不好意思地摇头。"那法律呢？"青年窘迫地垂下头。"会计怎么样？"父亲的朋友接连地发问，青年都只能摇头告诉对方——自己似乎一无所长，连丝毫的优点也找不出来。"那你先把自己的住址写下来吧，我总得帮你找一份事做呀。"青年羞愧地写下了自己的住址，急忙转身要走，却被父亲的朋友一把拉住了："年轻人，你的字写得很漂亮嘛，这就是你的优点啊，你不该只满足找一份糊口的工作。"把字写好也算一个优点？青年在对方眼里看到了肯定的答案。数年后，青年果然写出享誉世界的经典作品。他就是家喻户晓的法国 18 世纪著名作家大仲马。

  世间许多平凡之辈，都拥有一些诸如"能把字写好"这类小小的优点，只是因为缺乏"伯乐"而常常被忽略了，更不要说是一点点地放大它了。其实，每个平淡无奇的生命中，都蕴藏着一座丰富的金矿，只要肯发现，你就会挖出令自己都惊讶不已的宝藏。

  怎样去发现呢？

  特级教师李镇西老师唤起后进生信心的故事，令很多教师感动。

  苏霍姆林斯基有句名言："真正的教育是自我教育。"我想，这对后进生同样适用。每当我感到学生不听我的话时，就问自己："我的这些话，是否点燃了他心灵深处向上的愿望和信心？"无数事实证明，只有当学生自己有强烈的上进愿望和信心时，他的进步才会出现并得以持久。所谓"转化后进生",就是不断发现他可取的地方并设法唤起他的上进心。

北京前门小学钱红石校长有一句名言: "只要看重您的孩子,就会让蒙尘的金子闪光!"重视孩子,就是最富有力量的爱。

笔者去西安参观兵马俑时,导游为我们讲述了一件很有趣的事。

美国前总统克林顿参观兵马俑时,曾问:"这兵马俑是谁发现的?"人们告诉克林顿,是一位姓杨的老农民。他在家里挖井时,挖出一个与众不同的瓦块,感觉很不一般,就交给了当地的文物部门。经过考察,这个瓦块是秦始皇时代的殉葬品——兵马俑。克林顿十分佩服这位老农民,提出想与他见见面。老农民来后,克林顿掏出一个小本子,恭恭敬敬地请老人签名。老杨头不识字,便认认真真地在上面画了三个圈。

克林顿走后,当地一位书法家教老杨头写字,只写他的名字那三个字。现在,这位老人天天在兵马俑博物馆签名售书,吸引来大批游客。

导游还告诉我,由于发掘出了兵马俑,这里昔日贫瘠的土地成了旅游胜地,中外宾客纷至沓来,络绎不绝,过去生活贫穷的农民也一天天富裕起来。当地农民中流传着一副挺有趣的对联:

上联:翻身不忘共产党
下联:幸福不忘兵马俑
横批:感谢老杨

仔细想一想,我们应该感谢老杨。他挖出一个瓦块,看到了它的不同,发现了它的价值。

教师如果也有老杨这样一双善于发现的眼睛，学生也会感谢我们的。

武汉市有个学生，上课特别爱举手，有时教师的问题还没有说完，他就把手高高举起。可叫他起来回答，他又答不上来。

教师在课下跟这个学生聊天，问他原因。

"同学总笑我成绩不好，说我笨。我不服气，所以老师提问我总举手，想让大家看看，证明我不笨，可实际上我不会。"学生对教师实话实说。

教师了解了情况，表扬了他的积极性，并且跟他订下"君子协议"："以后老师再提问的时候，如果真会回答，你举左手；如果不会，你举右手。"

教师心里有了底，以后上课就抓住这名学生举左手的机会，让他回答问题，并经常表扬他。从那以后，这个学生在学习上变得很有起色。

在一次武汉市中小学德育工作会议上，市教委主任讲完这个故事，会场上响起一片笑声和掌声。市教委主任说，教师对学生要多发现、多肯定、多赞赏、多表扬、多鼓励。

学生天天在长大，天天在进步。教师要善于发现后进生的闪光点，让每个学生都抬起头来走路。

赞美的力量——你是最棒的

没有阳光的普照，树苗就无法茁壮成长。赞美就像照在人们心灵中的阳光，会使人们精神焕发；尖刻的批评会使人灰心丧气，让人对未来充满了失望。因此，应该让赞美的阳光普照四方。

清代才子袁枚二三十岁就名满天下，赴任县长之前，去向教师——乾隆时的名臣尹文端辞行请训，教师问他年纪轻轻去做县长，有些什么准备？他说什么都没有，就是准备了一百顶高帽子。教师说年轻人怎么搞这一套？袁枚说社会上人人都喜欢戴，有几人像教师这样不喜欢戴的，教师听了也觉得他说得有理，心里非常高兴。当袁枚出来，学生问他与教师谈得如何？他说已送出了一顶。

人人都需要赞美，需要被认可。大人如此，何况孩子。因此，笔者想告诉所有关爱孩子成长的教师，调动孩子积极性最好的办法就是：不要吝惜给予他们赞美。

优秀教师吴永珍说过一句发人深省的话："赞美性语言与动作带给学生的是一种快乐的动力、一种向上的自信，其奥妙就在于移走了压在他们心上的自卑的巨石，于是学生的潜能就像火山一样爆发了。"

吴永珍担任青田职业技术学校老师时，只要发现自己的学生有进步了，哪怕只是一点点，她都会竖起大拇指，对他们说"你能行""你真棒"。在她的鼓励下，许多学生在快乐中改变，尝到了在欢乐中学习的甜头。

吴永珍曾经教过一个学生，名叫马小飞，他对学校的日常行为规范的要求全不加理会，迟到、穿拖鞋等是他的家常便饭，以致一班一直没有成为学校的优秀团队。

吴永珍当然要找马小飞谈话。

吴永珍微笑着对他说："马小飞，坐下来，我有话对你说。"

马小飞一脸疑惑地坐了下来。

吴永珍说："我是新来的，对一班还不了解。请你告诉我，你身上有什么优点？"

"优点？我哪有优点，我身上全是缺点。"马小飞说道。

"怎么会呢？我觉得你身上的优点挺多的：值日生詹妮个子矮，你就帮她擦黑板；大扫除时，你一人提的水比两个同学一起抬的还多……"吴永珍把开学以来在马小飞身上寻找到的闪光点，都一一讲了出来。

听着听着，马小飞的眼神从疑惑变为感动，最后竟然哭了起来："老师，我以为你一定也很讨厌我……"

原来，马小飞因为成绩不好，长得又胖，一些同学便给他起绰号，马小飞因此而产生了逆反心理，甚至有时故意违反纪律，使一班不能成为优秀团队，以求得到报复后的快感。

面对马小飞的坦白，吴永珍叹了一口气，道："马小飞，你确实犯了错，而且很严重。但是，此时此刻，我依然要祝贺你，同时也祝贺我。"

马小飞吃惊地看着吴永珍，不明白老师葫芦里卖什么药。

吴永珍道："首先，我感谢你对我的坦白，这说明你已经很信任我，我在你心中的形象还不算特别坏；其次，你已经意识到了自己的错，这就是我要祝贺你的原因。"

马小飞再次泪流满面。

吴永珍道："男子汉，不要哭。你看你看，你有这么多优点，还怕改不了几个坏毛病吗？马小飞，你抬起头，告诉我，你是个勇敢的人，对不对？"

马小飞望着吴永珍恳切的眼睛，不由自主地点了点头。

当马小飞要离开办公室的时候，突然又回过头来："老师，我这么笨，从来没有人喜欢过我，你为什么要这么夸奖我呢？"

吴永珍笑了："因为你根本就不笨，你本来就是个很聪明的人。只是大家还看不到你的优点。"

接下来的事情，不用我介绍，大家可能早就猜着了：马小飞成了一个受欢迎的人。

类似于马小飞此种事情，并不是个例外。吴永珍是个公平的人，她对所有的学生都是一视同仁的，她看他们的时候，眼睛里总是流露出爱的光芒。

射俊是吴永珍班上另一个学生，经常惹是生非，上课爱捣乱，作业也经常不做，其他学生都拒绝与他交往。

有一次，班内举行扳手腕比赛，个子最小的射俊却获得了全班第一名。

吴永珍抓住这一时机，及时肯定了射俊积极参加活动且敢于拼搏的精神，并委婉地说道："射俊，如果你学习上也有这股劲，那肯定更加了不起。"

从未受过表扬、自暴自弃的射俊第一次得到了老师的赞美，脸蛋红得像朝霞，心里却美得像喝了蜜。

此后，射俊的表现竟有些出人意料：字迹端正且能及时完成作业，成绩不断进步。同学们一致评射俊为"最具进步力之星"，并在吴永珍的提议下，推选他当体育委员。

成了学生干部的射俊，学习成绩直线上升，再也不是原来的模样了。

赞美的本质是让每个学生都找到当好学生的感觉，赞美的目标是让每个学生享受到自信的快乐。

教师如果能用敏锐的目光及时捕捉学生身上的闪光点，用赞美的话语给予鼓励、肯定，那么每个学生都能有所进步。

所以，教师应该做到以下几点。

第一，当学生正处于低谷时，我们必须尝试去赞美他。

从心理学的角度讲，每个人都需要赞美。赞美实际上是一种投入少、收益大的感情投资，是一种驱使人奋发向上、锐意进取的动力源泉。

较之优等生，后进生更需要教师的赞美、鼓励。因为他们一般很脆弱，对外界极度敏感，对他人心存戒备，看起来好像缺乏自尊心，实际上他们的内心深处极其渴望教师的理解、信任，他们仍然十分在乎教师对他们的评价。

第二，设专栏的赞美方法。

长沙县星沙中学的沈旗和马文林两位教师曾经尝试过这种方法，效果非常不错。

他们在班级后墙的黑板上设置"一鸣惊人"的专栏，让每一个学生都有可能"一举成名"，也许是因为学习刻苦了，成绩进步了，也许是卫生工作特别认真，也许是为困难的同学捐资助学数额最大……这种形式的表扬不但对被表扬者是一个激励，而且对增进学生之间的了解和友谊，建设一个积极向上的班集体都极有好处。

第三，拟批语的赞美方法。

在批改作业时，除了打上等级，还可以根据学生的作业情况写上"工整""字写得太漂亮了""有创造性"等批语。这样的批语使学生获得一种成就感，能有效地调动学生的积极性和创造欲，从而提高学生的学习效率。

除此之外，教师还可以通过每期给学生写两封信（可以是评语）的形式，对学生进行赞扬。

教师赞扬学生的时候一定要具体、适度。说"你最近表现不错"，就不如说"你最近在学习英语方面用功多了，书写工整，课后积极向同学和老师请教"更有效果。而"你是年级里最好的学生"的表扬，对被表扬者来说，容易形成以自我为中心的人格特征，不利于被表扬者的正常发展。

第四，送"喜报"的赞美方法。

可准备数张印制精美的"喜报"。当学生在某一方面表现突出或取得进步时，他的家长就可得到教师亲自填写的"喜报"。这种"喜报"价值虽不大，作用却不小。它不仅能强化学生的优点，还能沟通学生、教师、家长之间的感情，有助于强大的教育合力形成，可谓一举多得。

赞美是一种胸怀，是一门艺术，是一种能力。只要教师恰如其分地运用它，教育工作就一定会更加出色。

教师只有学会赞美自己的学生，才能走进学生的心灵，才能培养出绚丽的花朵。